ALBUM DE FAMILLE

Tigy Simenon

© Éditions Libre Expression, 1989, pour le Canada.
Dépôt légal : 1er trimestre 1989.
ISBN 2-89111-368-3.

PATRICK ET PHILIPPE CHASTENET

SIMENON
ALBUM DE FAMILLE

Les Années Tigy

LIBRE
EXPRESSION

Décembre 1922. Georges Simenon débarque à Paris. Il a 19 ans.

Nieul 1982

Ici tous les pays se mêlent pour n'en faire plus qu'un. Il n'est pas rare de voir des palmiers narguer les ormes dans les parcs et les jardins d'Aunis. « Fierté de Charentais », prétend Simenon, qui connaît bien cette petite province, véritable contrée lumineuse peinte inlassablement par les aquarellistes à la manière de Suire. La lumière y joue comme nulle part à se réfléchir dans les pertuis et les baies. La terre, comme un fleuve, se jette à l'océan, sous un ciel haut et blanc. Nieul, Marsilly, Esnandes, Charron, petits villages comme une constellation tellurique où l'on vit les pieds dans l'eau à cultiver les bouchots.

Le boulevard de l'Océan ressemble à une frontière qui sépare le village et les champs. D'un côté, un long mur abrite les maisons, en face le découpage coloré des cultures, plus loin les petites falaises et la mer.

Tout au bout, là où la route est moins goudronnée, le petit boulevard se perd modestement dans la campagne. Les habitants ne savent plus s'ils vivent à la ville, à la campagne, ou encore au bord de la mer, tant l'air chargé de sel se mélange à l'odeur de la terre.

Derrière l'une de ces portes, une petite statue de bronze. Une effigie massive dont le métal vert subit lui aussi la salinité ambiante. C'est Maigret, hôte imprévu. Il y a déjà un demi-siècle, dans le doux tourbillon des années 30, Georges et Tigy Simenon franchissaient ce paisible seuil.

La maison ne semble guère avoir changé depuis les premiers aménagements. Quelques conifères devant la terrasse, et, au fond, le jardin sagement entretenu qui porte aujourd'hui les couleurs de l'hiver. Allées droites et propres, chaies soigneusement taillées. Il n'y a que le petit ruisseau à couler en contrebas du terrain pour donner un peu de fantaisie à ce sérieux paysage. Pas un bruit, seul le lourd passage d'une grolle venu rompre la brise silencieuse.

Personne derrière le carreau. Un regard jeté au travers de la porte-fenêtre et l'on aperçoit une salle de séjour au décor rustique.

Régine Simenon, la maîtresse des lieux, n'est encore qu'un nom trouvé dans l'ordre alphabétique de l'annuaire téléphonique de la Charente-Maritime. Il aura fallu attendre la parution de *Mémoires intimes*, en 1981, pour que les journalistes se rappellent son existence.

« Tu as connu Tigy chez Marc, ma petite fille, écrit Simenon à Marie-Jo dans son livre, *et comme tes frères tu l'as affectueusement appelée Mamiche. Tu es sans doute allée chez elle, dans la maison de Nieul-sur-Mer, en Charente-Maritime, à deux pas de La Rochelle. Savez-vous, mes fils et ma fille, que cette maison très ancienne, qui a été il y a des siècles un prieuré, je l'ai aménagée en pensant que mes petits-enfants y passeraient un jour leurs vacances ? »*

Une silhouette apparaît dans la pénombre de l'entrée, frêle mais déterminée. Tigy ouvre la porte-fenêtre.
— Entrez donc...
Petite et sèche comme une vieille maîtresse d'école, il y a de la dureté dans ses traits creusés. Derrière une grosse monture de lunettes qui lui mange le visage, un regard profond comme un puits où l'on aurait jeté la clé du bonheur. Dans ses yeux on peut lire souvenir et nostalgie, mais aucun signe d'aigreur. Tigy, en alerte octogénaire, selon la formule consacrée, reste bien la femme de l'écrivain. Toute de retenue, elle détient une part du mystère Simenon. Tel un cerbère, elle garde l'entrée du sanctuaire, la seule maison encore imprégnée de l'âme de Simenon, hormis la demeure de l'avenue des Figuiers à Lausanne. Tigy n'a jamais beaucoup parlé aux journalistes qu'elle connaît pourtant très bien. Un peu comme si elle avait fait vœu de silence, au nom d'une fidélité inaltérable en dépit des années.
Une large flamme bleue bave dans le hublot du poêle à mazout. Le salon est grand et les murs épais comme le bureau qui n'a pas bougé de place. On dirait un authentique établi de menuisier mais plus imposant, une manière de maître-autel. Sur le bureau, bien rangés, un pot à crayons, un sous-main de cuir, des stylographes et des pipes. Le cérémonial du souvenir. Juste au-dessus du fauteuil, une toile de belle taille sans encadrement. Elle représente Georges Simenon en bras de chemise et pantalon de toile écrue, pipe au bec, accoudé à une cheminée. Tigy l'a saisi dans cette noble pose à l'île d'Aix en 1927.
Elle s'est assise devant des étagères où l'on peut reconnaître quelques titres célèbres, mais aussi *Le Phallus d'or* de Denyse, l'autre Mme Simenon. Le tic-tac rassurant d'une horloge comtoise servira à rythmer nos trois rencontres. Pour aujourd'hui, le premier des retours en arrière ressemble à un parcours initiatique : 1922-1982. Il y a très exactement soixante ans, sur un quai de gare à Liège, un jeune homme et une jeune femme se disaient au revoir...

Liège 1922 le mariage

Liège, 1922. Une gare, la nuit. C'est une fin et un commencement. Une scène qu'on dirait tout droit sortie de l'un de ses romans, où les gares servent de décor à des personnages perdus dans le monde.
Dans deux mois, il fêtera ses vingt ans. A Paris. De la vitre crasseuse de son wagon, il a de la peine à voir Tigy et son père, debout sur le quai. La fumée de la locomotive s'est mêlée au brouillard liégeois. Gestes d'au revoir plus poignants que des adieux. Ils sont presque irréels, comme protégés par un cocon.
Ce soir, le jeune Georges Simenon quitte sa Belgique natale pour conquérir Paris. Il vient de remplir ses obligations militaires. Un an plus tôt son père est mort, la veille de son départ à l'armée. A Paris, un emploi de secrétaire l'attend chez l'écrivain Henri Binet-Valmer. Derrière lui, il laisse aussi sa fiancée. Celle qu'il a connue un autre hiver, en 1920...

« *Reporter à la* Gazette de Liège, *le hasard m'avait fait rencontrer une bande de jeunes rapins, comme on disait alors, c'est-à-dire de jeunes peintres frais sortis de l'Académie ou y finissant leurs études. Par eux, j'ai connu une jeune fille, Régine Renchon, dont je n'aimais pas le prénom et que j'ai rebaptisée Tigy, mot qui ne veut rien dire, en tout cas pas Reine* [1] ! »

— Nous sommes tous les deux liégeois et notre rencontre a été le fruit du hasard, raconte Tigy. Je me souviens d'une réunion entre amis à la maison à l'occasion du nouvel an. J'avais vingt ans, lui dix-sept et demi. Il était journaliste à la *Gazette de Liège* et moi je terminais mes études. J'avais quand même déjà fait une première exposition de mes toiles dont on avait un peu parlé... Nous nous sommes fiancés très rapidement. Simenon ne voulait pas se marier avant de faire son service militaire. Il a devancé l'appel d'un an et après nous sommes venus à Paris. Vous savez, quand on est jeune, provincial ou belge... Paris est forcément attirant. Paris consacre*.

Henriette Simenon, la mère de Georges, peinte par Tigy en 1922.

« *Peut-on parler de premier amour ? Je ne crois pas. Je ne crois pas l'avoir vraiment aimée. J'en suis presque sûr.* »

— J'étais certainement son premier amour... La fougue qu'il a manifestée à ce moment-là* !...

Dans *Mémoires intimes*, le temps a fait son œuvre et poli sensiblement la passion...

« *Ai-je eu le coup de foudre ? Non, mais je recherchais sa compagnie, je rêvais toujours de deux ombres sur un store légèrement éclairé et j'ai pensé que ce serait bon de me trouver, le soir, avec elle, à l'abri de ce store, d'être une de ces deux ombres.* »

Oui, pour le moment, ils sont deux ombres. Deux petits Belges que le maelström parisien va bientôt absorber. L'apprenti romancier qui n'a publié encore qu'un volume en 1921, *Au pont des Arches*, est rempli d'ambition, bien sûr. Tigy, elle, veut devenir peintre et vivre de la vente de ses toiles.

Ils se sont même fait un serment. Romantique en diable ! Chacun, avec son art, va tenter de « réussir ». Une période probatoire de trois années est décrétée. Celui à qui la fortune ne sourira pas assurera l'ordinaire. Tigy commence...

Il y a tout juste un mois, son jeune fiancé lui a offert un joli cadeau. Un petit opuscule d'une vingtaine de pages et tiré à une douzaine d'exemplaires, en guise d'étrennes pour 1922 :

« *A cause des satisfactions qu'il te procure en dehors de moi, je suis jaloux, mon amie, de l'art de peindre que tu possèdes ; je pourrais aussi justement dire qui te possède, puisque tes brosses et tes fusains te sont aussi chers qu'à moi les livres dont nous avons entouré la reliure de tant de soin !* »

Plus loin, Simenon semble même ébaucher son art du roman à travers la pochade littéraire :

« *Les peintres commettent à mon sens une faute contre la logique en peignant d'abord le personnage d'un portrait, pour s'occuper ensuite du décor. L'individu, en effet, n'acquiert toute sa psychologie que présenté dans le cadre qui lui est propre et sans lequel il ne sera souvent qu'une énigme.* »

1. *Mémoires intimes.*

* Les propos suivis d'un astérisque ont été recueillis par les auteurs.

Une caricature de Tigy signée... Georges Simenon.

Tigy est à Liège, Simenon à Paris, seul. Il apprend à vivre. Et il survit. La Belgique est loin. Simenon dégotte une chambre dans un hôtel du quartier des Batignolles. L'Hôtel de la Bertha. A défaut d'être secrétaire, il sera dès le lendemain garçon de course chez Henri Binet-Valmer. Six mois à porter des plis pour six cents francs mensuels. Il en expédie deux cent cinquante à sa mère avec quelques nouvelles de la vie parisienne. Grands rêves d'avenir et petits soucis quotidiens. Parmi ceux-là, la faim qui le tenaille. L'argent n'encombre pas sa bourse.

— Quand je rentrais, je trouvais une grande lettre, raconte Tigy. Et puis, un jour, j'en ai reçu quatorze. Il se trouvait tout seul, il avait besoin d'un contact. Vous voyez, quand on est écrivain... on écrit [2]...

« *J'aimerais, je l'avoue,* écrit Simenon, *relire ces phrases enfiévrées, les plus romantiques, je pense, que j'aie écrites de ma vie* [3]. »

C'est à Paris qu'il va commencer son incroyable arithmétique sexuelle. Comptabiliser au plus près les femmes connues, le plus souvent dans la rue, et dont il s'amusera à évaluer le chiffre beaucoup plus tard... Dix mille. Et puis il écrit. Chaque jour, apprentissage ascétique du métier d'écrivain : une nouvelle quotidienne, pour le plaisir et l'exercice. Mais sa plume est encore loin de pouvoir subvenir à ses deux besoins vitaux : manger et faire l'amour. Il poursuit donc sa collaboration à la presse belge et anime notamment la rubrique « Mes fiches » à la *Revue sincère*. Georges Simenon raconte le Paris littéraire aux lecteurs d'outre-Quiévrain.

Noël arrive. Le célibataire bat tristement le pavé et son œil s'ennuie parfois de trop observer ceux qui vivent et s'amusent ensemble.

Nouvel an 1923. Aussi triste. Pour briser sa solitude, il part « en chasse ». Nouvelle rencontre : Pilar, femme de chambre espagnole. Sans lendemain.

« *Je ne crois pas que je sois, que j'aie été, ce que l'on appelle à présent un obsédé sexuel. Je ne crois pas non plus que j'aie eu ou que j'aie des appétits plus que normaux. Je crois, par contre, qu'il y a toujours eu de ma part une curiosité extrême, et aussi un besoin de contact que seuls les rapports sexuels peuvent donner* [3]. »

Pendant qu'il déambule dans les rues étroites d'un Paris aventureux, Tigy se prépare au mariage. Elle s'est inscrite au catéchisme pour être baptisée et satisfaire ainsi aux exigences de Madame Mère, Henriette Simenon : l'union doit être consacrée. Georges, lui, se moque bien de tout cela en arpentant Clichy, la place Blanche et les boulevards. Tout brille et l'attire. Les femmes surtout. Dès qu'il a un peu d'argent en poche, il grimpe dans une chambre d'hôtel avec une fille. Au plaisir brut, il ajoutera au fil des ans celui de la connaissance des âmes. Brèves rencontres, femmes croisées une fois dans une vie. Il les sentira souvent plus proches de lui que bien d'autres présences quotidiennes. Cruel paradoxe qu'ignorera très longtemps Tigy.

La petite Liégeoise préfère rêver du Paris de Modigliani. Entre deux cours de catéchisme, elle imagine Montparnasse et la folle atmosphère qui doit y régner. Comme le prétendent les revues littéraires dont elle se repaît. Bientôt, elle sera en France, prête à coudoyer tous les peintres du monde ! Bientôt, la gare du Nord et les quais de la Seine. Simenon le lui a promis.

2. Propos recueillis par le journaliste belge André Romus lors d'une émission de la RTBF.
3. *Mémoires intimes.*

Le 24 mars 1923, Georges Simenon reprend le train pour Liège. Le grand jour approche. Un smoking d'occasion — et à crédit — de deux cent cinquante francs pour lui. Une robe de tulle, un manteau noir et un chapeau à plumes d'oiseaux de paradis pour elle. La cérémonie religieuse a lieu en l'église Sainte-Véronique. L'échevin chargé du discours est très en verve. Songez que le petit Sim, enfant de Liège, a tenu chronique durant trois ans à la *Gazette* ! Et le petit Sim apprendra par la suite l'internement du magistrat, survenu un mois plus tard, dans un hôpital psychiatrique ! Souvenir drolatique du mariage de Simenon, dont on ne verra ici aucune photographie.

Paris
1923
l'apprentissage

Train de nuit. Retour à Paris. Les jeunes mariés vont loger dans un modeste appartement déniché par Simenon dans une impasse, à hauteur du 233 *bis* de la rue du Faubourg-Saint-Honoré. La vie à deux commence. Le rêve d'adolescent a pris corps, à l'abri du store… Régine peint, Georges écrit. Le soir, ou plutôt la nuit, ils sont dehors. Le vacarme de la fête emplit leurs têtes. Oubliés les pinceaux, les brosses et les feuilles blanches. En ce moment, leurs faveurs vont au Moulin-Rouge, où l'on s'amuse beaucoup. Liège semble faire définitivement partie d'un autre monde de grisaille. Georges ne se lasse pas d'admirer les danseuses de french cancan et toute la foule féminine qui va des loges au bar et à la piste de danse. Alors pourquoi s'est-il marié ? Pourquoi avoir choisi la vie maritale lorsqu'on se sent irrésistiblement aimanté par toutes les autres femmes ?

« Probablement pour me protéger contre moi-même. Je me sentais prêt à tous les excès, attiré par tout ce qui est trouble. Pour moi, le seul moyen d'éviter une catastrophe était de chercher refuge dans le mariage [4]. *»*

Il a des besoins physiques proportionnels à l'aversion de son épouse pour les ébats amoureux. Mais Simenon a choisi Régine. Leur union va durer vingt-six ans, deux mois et vingt-neuf jours.

« Elle était extrêmement jalouse, d'une jalousie féroce, raconte-t-il à Fenton Bresler dans *L'Énigme Georges Simenon*. Et pourtant, comme elle ne voulait pas d'enfants, elle m'a fait porter des contraceptifs

4. *Un homme comme un autre.*

11

pendant vingt ans... Vous vous rendez compte, avec ma propre femme ! Ce n'est pas très bien. Alors, inutile de vous dire que je lui étais infidèle trois fois par jour, mais qu'elle n'en savait rien. Elle m'a annoncé : ''Le jour où j'apprendrai que tu m'as trompée, je me suiciderai.'' C'était catégorique. Alors qu'est-ce que je pouvais faire ? Je devais mentir. »

— C'est un besoin que moi, j'ignorais. Il ne m'en faisait pas part. Il cite le chiffre de dix mille femmes qu'il aurait rencontrées... c'est une plaisanterie* !

Dans son petit fauteuil paillé, Tigy cache tant bien que mal une certaine gêne à parler de ses relations intimes avec Simenon. Sans jamais porter de jugement sur lui, elle préfère continuer à ignorer ce qui, pour elle, n'a pas d'intérêt. L'aime-t-elle encore ? Tout incline à le croire. Chaque pièce de la maison de Nieul respire le grand homme. En souvenir de tant d'années, Tigy ne veut rien gâcher par des paroles inutiles, et surtout tardives.

— Nous avions une vie heureuse, reprend-elle. Nous avions le même tempérament. C'était une vie absolument normale, gaie, sans drame. Simenon n'était pas sombre. En somme, il se défoulait dans ce qu'il écrivait de tout ce qui lui pesait*.

Sous divers pseudonymes, Simenon écrit des contes et fournit abondamment les revues galantes *Frou-Frou, Paris-Flirt, Sans-Gêne...* Chaque conte lui rapporte cent francs et il lui arrive d'en rédiger trois par soirée !

Il rencontre alors la directrice littéraire du *Matin :* Colette. Celle-ci lui refuse ses premières nouvelles mais l'encourage dans son entreprise...

— Trop littéraire, mon petit Sim ! Plus simple, toujours plus simple ! Ce conseil le suivra toute sa vie.

Au mois de mai de cette année 1923, Simenon quitte le service de Binet-Valmer pour devenir le secrétaire du marquis de Tracy, riche aristocrate à la fois homme d'affaires et homme du monde. Le jeune Sim travaille alors dans un environnement de grand luxe. Sous les lambris dorés des hôtels particuliers de son marquis de Carabas, il parfait son métier de conteur. Tigy, elle, suit son mari partout où il va et s'établit à chacun des déplacements à quelques kilomètres du gentilhomme et de son secrétaire. Le soir, Simenon rejoint Tigy pour retourner tôt le matin au service du marquis de Tracy.

Cette vie de voyages à travers la France de la petite noblesse et des maisons bourgeoises de la capitale durera un an.

— Nous étions toujours ensemble. L'idée ne m'est jamais venue de le laisser partir seul et moi de rester à la maison pour peindre... Je crois d'ailleurs qu'il aimait peut-être aussi ma présence et nous vivions beaucoup ensemble. Nous partagions les mêmes idées*.

Retour à Paris au printemps 1924. Les Simenon retrouvent les Batignolles, rue des Dames. Une chambre miteuse dans un hôtel de quartier. L'acquisition d'une machine à écrire pour faire face à la production grandissante du conteur. Ils sortent beaucoup et Tigy emmène souvent Georges à Montparnasse. Là, ils pénètrent le monde intellectuel et artistique. Leurs amis s'appellent Vlaminck, Foujita, Derain, Kisling, mais aussi Max Jacob, Jean Renoir... Tigy guide Simenon dans cet univers créateur.

Portrait. Autoportrait.

« Elle était assez grande, portait un
manteau brun sans forme précise, des
souliers à talons plats. Sur ses cheveux,
bruns aussi, partagés par une raie et
roulés en bandeau, un bonnet brun, du
même tissu, en forme de béret basque.
Pas de dentelles, de broderies,
de fanfreluches. Elle marchait
à grands pas décidés, sans regarder
autour d'elle et ses yeux, ombragés
par d'épais sourcils, étaient fixés
droit devant elle. »
(Mémoires intimes)

— Tous les soirs nous étions dans une boîte de Montparnasse, avec toute la bande*, se souvient-elle.

Elle exposera seulement deux fois dans sa très brève carrière, dont une à Montparnasse. Elle tente de vendre ses toiles, mais sans grand succès. Pour ramener un peu d'argent au ménage, elle participe à la Foire aux Croûtes de Montmartre, où il faut adapter son art aux désirs du client... Une tête d'Apache pour quarante francs !

— Je crois que je n'ai pas très bien réussi. J'avais bien quelques amateurs qui venaient discuter — qui n'ont rien acheté d'ailleurs —, et je voyais Simenon qui tournait autour pour savoir si j'allais vraiment pouvoir ferrer l'acheteur éventuel... Alors je l'ai renvoyé parce qu'il m'agaçait, n'est-ce pas, on n'avait pas idée de se conduire autour de mon stand comme ça [5]...

« Pour complaire à l'acheteur éventuel, les œuvres devaient être encadrées et j'allais rue de Bondy acheter du bois d'encadrement. A moi la scie, la colle et les clous. Ce n'était pas toujours d'équerre, mais qui s'en souciait ?

— Tu as l'air tellement tendu ! me disait Tigy, place Constantin-Pecqueur. Va donc t'asseoir quelque part à une terrasse ou te promener. Tu fais peur aux clients...

J'ai suivi son conseil, me suis assis à une terrasse de la rue Caulaincourt et ai écrit mon premier roman populaire, Le Roman d'une dactylo [6]. »

La peinture de Tigy n'a guère connu les salons ni les commentaires policés des critiques. Rares sont aujourd'hui les amateurs à posséder, luxe original, un Simenon. Essentiellement attirée par le portrait, sa passion ne la quittera jamais. A Nieul, elle a aménagé un nouvel atelier et repris la palette.

« J'espère ne pas vous décevoir avec ma prochaine exposition », nous écrit-elle le 27 juin 1982.

La passion l'habite comme à vingt ans.

De 1924 à 1934, Simenon écrira deux cent douze romans populaires. Tour à tour, il signe Georges Sim, Christian Brulls, Jean Du Perry, Luc Dorsan, Gom Gut mais aussi Poum et Zette, Plick et Plock, Miquette, ou encore La Déshabilleuse !... Littérature alimentaire. Un roman de dix mille lignes lui rapporte mille cinq cents francs. Moins lucratif que les contes, et il lui faut écrire — pour en vivre — quatre-vingts pages quotidiennes !

1925. La folie Arts déco submerge Paris. Les Simenon ont déménagé depuis peu pour la place des Vosges. Dim, un architecte d'intérieur à la mode, est chargé de la décoration. Simenon, très fier, joue chaque nuit les barmen devant le Tout-Paris venu s'enivrer.

« A mon bar, place des Vosges, je forçais sur les cocktails afin d'obtenir plus vite chez mes invités le décalage qui me permettait de les voir à nu [7]. »

Et Simenon pose pour le photographe et la postérité derrière son « bar américain » dont le zinc a fait place à un verre dépoli, éclairé par en dessous d'une myriade d'ampoules électriques colorées. Vêtu d'un chandail à col roulé blanc, il manie le shaker à ravir pour charmer ses illustres hôtes.

5. Propos recueillis par André Romus.
6. *Mémoires intimes.*
7. *Quand j'étais vieux.*

14

— C'était toujours un peu la nouba, aime à se rappeler Tigy. Évidemment, il a eu une aventure avec Joséphine Baker, il faut bien que je me fasse à cette idée*...

La sculpturale Joséphine avec sa légendaire ceinture de bananes recouvre déjà les murs de Paris grâce aux affiches de Paul Colin, un autre familier du couple. La vie est là, dévorante et tourbillonnante. La nuit ils rient, s'amusent, dansent, boivent et parlent...

« *Je jouais à la vie. Je jonglais. Tout m'amusait. Tout m'enchantait. Sans pourtant perdre de vue le but que je m'étais fixé : écrire des romans* [8]. »

Le jour, il continue d'écrire. Elle, peint de moins en moins. Sans le vouloir vraiment, elle délaisse brosses et pinceaux.

— Comme Simenon travaillait beaucoup, il fallait bien que je prenne les choses matérielles en charge*.

Les années d'apprentissage sont longues, difficiles, mais joyeuses et prolifiques. En 1925 l'éditeur Tallandier fait signer son premier contrat à Simenon. Les romans s'amoncellent : *La Prêtresse des vaudous, la Panthère borgne, le Roi du Pacifique, Nuit de Paris...*

— Cette gamme de produits, j'appris à la fabriquer en commençant par la plus humble. Je n'en ai plus honte aujourd'hui. Au contraire. Je vous avoue que cette époque est sans doute celle de ma vie dont je me souviens avec le plus de tendresse, sinon de nostalgie [9].

Un peu plus fortuné, le couple quitte régulièrement Paris. L'été 1925, une amie leur prête sa maison de vacances d'Étretat. C'est là, dans la campagne normande, que Simenon rencontre une jeune paysanne prénommée Henriette.

« *Celle qui va devenir Boule et faire partie de notre famille dont elle est aujourd'hui, plus que moi, le centre* [10]. »

1925 Boule et le Ginette

Sous le soleil de la côte varoise, un hôpital à l'abri des pins. Marc Simenon et Mylène Demongeot rendent visite à leur vieille Boule qui se remet normalement d'une fracture du col du fémur. Henriette Liberge est ce qu'il convient d'appeler un personnage. Son caractère particulièrement entier, mais surtout sa dévotion aux Simenon — au-delà des générations — ont fait d'elle un témoin unique de la vie du romancier. Le visage lisse et rond, de petits yeux d'enfant, elle s'empresse de couvrir de baisers son « Marc chéri ». Mylène lui a apporté son courrier qu'elle ouvre immédiatement. Hier, elle a reçu dans sa chambre un appel téléphonique de Simenon. Il a rappelé également ce matin. Tout va bien. Teresa lui a même envoyé des chocolats pour sa convalescence !

Boule parle avec cet accent normand qui ne l'a jamais quittée. Le dos bien calé par deux oreillers, elle redécouvre, émue, les photos de l'album de Tigy...

— Ils étaient venus dans mon village à Bénouville, où je suis née. J'avais à peine vingt ans... j'en ai maintenant quatre-vingt-deux ! Ne le dites à personne, mon Dieu ! Je suis une fille de pêcheur. Tout ce

8. *Un homme comme un autre.*
9. Causerie à l'Institut français de New York le 20 novembre 1975.
10. *Mémoires intimes.*

15

Georges Sim peint en août 1922 sur la plage de Coxyde.

qu'il y a de simple, comme ça se faisait à l'époque ! J'avais très envie de quitter ma famille pour gagner de l'argent et vivre ma vie... J'étais l'aînée de plusieurs enfants, vous comprenez. Je ne me souviens plus si c'est moi qui ai demandé du travail à Daddy ou si c'est le contraire. Je voulais m'acheter des bas de soie à Paris... c'étaient les premiers bas de soie ! Donc, je suis allée avec eux... et j'y suis toujours* !

Avec Boule, le ménage s'agrandit.

Place des Vosges, elle règne en maîtresse.

— Mamiche peignait. Elle avait beaucoup de modèles. Quand ils partaient, je mettais de l'ordre. Et de temps en temps je me chamaillais avec les modèles... je me bagarrais avec un balai ou autre chose. J'étais une assez mauvaise fille* ! conclut-elle d'un rire clair.

1926. Tigy parvient à vendre deux toiles place Constantin-Pecqueur. Un client que Simenon n'a pas effarouché.

« Il ne devait pas avoir passé la quarantaine. Il regarde longuement un grand nu et demande le prix.

— Mille francs, répondit Tigy.

Nous étions persuadés qu'il allait fuir. Non seulement il n'a pas fui, mais il a désigné une seconde toile, je ne sais plus laquelle, et il l'a achetée pour huit cents francs. Je ne pense pas qu'il ait fait fortune. Ce que je sais, c'est que le soir même nous décidions d'aller passer quelques mois dans une île. Mon Larousse, une fois de plus, nous a tirés d'affaire. Nous avons piqué le nom de Porquerolles, en face d'Hyères et de Toulon. Nous partions, Tigy, Boule, Olaf et moi [11]. »

Porquerolles. Nouvelle étape de l'itinéraire Simenon...

« Porquerolles où je devais avoir ma maison et mes bateaux est restée un des hauts lieux de ma vie, j'en connaissais chacun des cent trente habitants d'alors. Je me sentais chez moi [12]. »

En septembre, retour à la place des Vosges et à la vie mondaine. Le grand appartement déserté le temps d'un été se repeuple rapidement. Les Simenon réintègrent la faune des noctambules parisiens, le territoire de chasse du romancier...

« J'étais devenu l'ami de Joséphine Baker que j'aurais épousée si je ne m'étais refusé, inconnu que j'étais, de devenir M. Baker. Je suis même allé avec Tigy me réfugier à l'île d'Aix, en face de La Rochelle, pour essayer de l'oublier, et nous ne devions nous retrouver que trente ans plus tard à New York, toujours aussi amoureux l'un que l'autre [12]. »

Nouvelle île. Nouvel exil. Et premier contact avec une région où le couple s'établira bientôt. Simenon et Tigy éprouvent un amour très profond pour la mer. Cet été 1927 passé à l'île d'Aix est l'occasion d'une partie de pêche nocturne, avec Georges, un marin du cru. Au petit matin, leur frêle embarcation franchit les deux tours de La Rochelle. Coup de foudre immédiat pour le port, ses arcades et ses pavés chargés d'histoire...

Le petit Belge devenu parisien — sa première métamorphose accomplie — sent maintenant le besoin de respirer l'air du grand large.

Printemps 1928. Simenon achète son premier bateau, un ancien canot de sauvetage qu'il a fait aménager à Sartrouville et baptisé *Ginette*. La nuit, il peut le recouvrir d'un taud. Au milieu du pont, il a installé son

11. *Un homme comme un autre.*
12. *Mémoires intimes.*

outil de travail, sa machine à écrire dont la caisse d'emballage lui sert de siège. L'embarcation est équipée d'un moteur de deux chevaux suffisamment puissant pour remorquer un petit canot contenant matelas, couvertures et batterie de cuisine. A chaque étape, Simenon dresse sur la berge une tente destinée à Boule.

— Le chien Olaf était avec nous, ajoute Boule. Nous étions donc quatre. Ma plus grande frayeur survint un beau matin. Daddy avait monté la tente à la tombée de la nuit, dans un pré. A mon réveil, j'ai été chargée par une vache* !

C'est ainsi que le quatuor part à la découverte des canaux et des rivières de la France.

De cette croisière hexagonale de 1928 — « une des découvertes les plus étonnantes que j'ai faites » —, Simenon tirera un long reportage, publié en 1931 dans l'hebdomadaire illustré *Vu*, sous le titre « Une France inconnue, ou l'aventure entre deux berges ». Le récit commence par un croquis où l'on retrouve Georges, le pêcheur de l'île d'Aix, à la barre de son cotre poussé par le vent soufflant de Chassiron.

Le capitaine Simenon, seul maître après Dieu sur le *Ginette*.

— Avec le *Ginette*, raconte Tigy, ce n'était pas une croisière de grand luxe, mais c'était très intéressant. Nous montions la tente le soir sur la berge pour Boule et Olaf et nous couchions sur le bateau, Simenon et moi. Le matin, il tapait son roman et l'après-midi on repartait. On faisait une étape. Je me rappelle un séjour au Grau-du-Roi. Lorsque nous sortions le soir, on se déshabillait sur la plage pour gagner, à la nage, le bateau qui était ancré à quelques mètres du bord. Et le matin, Simenon claironnait pour avoir son petit déjeuner. Boule venait alors avec le plateau, de l'eau jusqu'à la taille, pour nous l'apporter* !

Ce périple fluvial va durer cinq mois.

1929
l'Ostrogoth
et
Maigret

Son tour de France à bord du *Ginette* a donné à Simenon le goût du voyage. Mais l'étroitesse de ce premier navire lui déplaît et il rêve déjà d'un bateau plus confortable. De retour à Paris, s'appliquant à ne pas contrarier son rythme de production de contes et de romans populaires, il se plonge dans le *Manuel du capitaine de cabotage*. Bientôt, il se précipite à Fécamp pour mettre en chantier un robuste cotre, comme ceux des pêcheurs professionnels. Il ne compte plus ses allers-retours pour surveiller la construction du bateau, profitant de ces escapades bretonnes pour se livrer immodérément à sa passion des femmes. Le fier vaisseau est bientôt paré à affronter le vaste monde. Solide, rude et trapu. Simenon le baptise *Ostrogoth*.

Au printemps de 1929, le cotre remonte la Seine jusqu'à Paris. Et comme tout est prétexte à la fête, le romancier décide de ne pas faillir à la tradition. Le bateau est amarré au beau milieu de Paris, à la pointe du square du Vert-Galant, près du Pont-Neuf. Là, le curé de Notre-Dame baptise le navire, inaugurant, sans le savoir, trois jours de beuverie !

Pour les photographes, Simenon, décidément très cabot, arbore sa fière casquette de capitaine. La fête parisienne n'a pas fini de résonner dans sa tête qu'il a déjà largué les amarres. L'*Ostrogoth* quitte Paris et gagne le Nord en empruntant à nouveau les canaux. Après une brève escale à Liège, il met le cap sur la Hollande.

Simenon n'est heureux qu'en voyageant. Son plus grand plaisir : taper ses romans dans une cabine bien chauffée où Boule fait la cuisine.

— Nous avons traversé toute la Belgique, raconte Tigy. Nous sommes allés jusqu'à Amsterdam, puis en Allemagne, à Wilhelmshaven, où Simenon a eu quelques ennuis avec la police. Ce n'était pas très longtemps après la guerre et nous avons eu la visite des autorités à bord. Ils ont trouvé un chevalet et une machine à écrire, jugé cela bizarre et demandé de faire demi-tour. Ils ont pris Simenon pour un espion car il écrivait pour *Détective* ! C'est ainsi que nous sommes rentrés en Hollande où nous avons stationné assez longtemps au bord de l'Elbe à Delfzijl. Le bateau a été mis en cale sèche pour être recalfaté. C'est d'ailleurs moi qui l'ai presque entièrement repeint pendant que Simenon, lui, tapait à la machine dans une vieille péniche où il a écrit son premier Maigret*.

Refusant effectivement de dormir et de travailler à terre, Simenon s'est trouvé une vieille barge abandonnée sur un canal à l'écart. Il y installe quelques vieilles caisses en guise de bureau, y pose la machine à écrire qui a inspiré tant d'inquiétudes aux policiers allemands et commence à composer un roman dont il ignore encore la nature.

**Fusain
de Tigy
représentant Simenon.
Paris, 1923.**

« *Le matin, à six heures, je gagnai ma péniche envahie d'eau, je m'assis sur une caisse, les pieds sur les deux autres, et je commençai à taper le premier chapitre de* Pietr-le-Letton. *A onze heures, le premier chapitre était fini. Je n'avais pas de notes, pas de plan. Sur une vieille enveloppe jaune que j'avais trouvée dans un tiroir de l'Ostrogoth, je m'étais contenté d'écrire quelques noms, quelques noms de rues, c'est tout. Huit jours après, le roman était terminé, le premier de la série des* Maigret [13]. »

Tigy, entre deux coups de pinceau sur la coque de l'*Ostrogoth*, lit les premiers jets de *Pietr-le-Letton*. Elle se rappelle que le nom donné au commissaire du roman est celui d'un voisin d'immeuble de la place des Vosges. Ce M. Maigret écrira d'ailleurs au romancier pour se plaindre d'avoir donné son patronyme à un « vulgaire policier ».

— Il aimait avoir mon opinion mais je ne suis pour rien dans la composition de ses romans. Je lisais au fur et à mesure tous ses chapitres. On en parlait un peu. Si c'était vraiment mauvais, je le lui disais carrément. A ce moment-là, il ne continuait pas. Si je ne trouvais pas ça très bien, c'est que lui-même n'était pas satisfait non plus. C'est arrivé une ou deux fois*.

Boule, elle aussi, lit régulièrement les pages fraîchement rédigées...

— Il aimait avoir l'opinion du peuple. Pour lui j'étais le peuple. Mamiche était une intellectuelle. Moi j'étais l'idiote du village qui donnait son avis* !

13. *Un homme comme un autre.*

1931
le succès

Parallèlement à la rédaction de ses romans, Simenon continue de fournir en récits la revue *Détective* des frères Kessel. L'argent qu'il en retire sert notamment à financer un voyage vers les solitudes glacées du Nord. Délaissant l'*Ostrogoth*, les Simenon prennent le *Tramway*, un bateau qui franchit le cap Nord au départ de Stavanger. Le navire, véritable caboteur forcé de ravitailler chaque village de la côte norvégienne, s'achemine finalement à Kirkenes, bourgade frontière à la limite du territoire russe, dans le fjord de Varanger. C'est là que Simenon décide de se diriger vers la Laponie. Il se procure un traîneau à rennes, des vêtements de fourrure, et s'engouffre avec Tigy dans le monde polaire.

Sur les photographies vieilles de plus d'un demi-siècle, deux silhouettes emmitouflées dans les fourrures. On distingue à peine leur visage. Tigy désigne du doigt les raquettes et le traîneau.

Nous avons commencé depuis quelques instants à feuilleter les deux gros volumes de son album de famille qu'elle est allée chercher à l'étage. Jamais encore elle n'avait accepté de montrer tous ses souvenirs à des étrangers.

Au fil des heures passées ensemble, Tigy se détend et fait revivre le passé avec bonheur. Elle n'a qu'une seule volonté. Les photographies ne doivent pas quitter Nieul. Un statif de reproduction est donc installé dans le bureau de Simenon afin de prendre les clichés des planches de l'album. Sur de longues feuilles de carton gris, Tigy a soigneusement agencé les photographies. Autour de chacune, elle a dessiné un fin liséré marron, inscrit les légendes et la chronologie des voyages. Elle se souvient de chaque épisode avec précision. Curieusement, cet album si riche d'enseignement sur la vie privée de Georges Simenon, Tigy ne l'a guère sorti de ses tiroirs. Marc, son fils, ne découvrira les photos qu'à la mort de sa mère. Quant à Simenon lui-même, il attendra 1988 pour redécouvrir ce passé iconographique avant d'en faire don au Fonds documentaire de l'université de Liège où il se trouve aujourd'hui. Signalons que l'album découvert en 1982 à Nieul était plus complet que celui déposé à Liège, il est passé depuis lors en de nombreuses mains.

— Je me souviens de ce voyage dans le Grand Nord, indique Tigy. Et surtout de la nuit interminable et des aurores boréales*.

Simenon découvre même une petite île dans l'océan glacial : Hammerfest. L'endroit le séduit tellement qu'il imaginera s'y faire enterrer le jour venu !

« Nous allions pendant des années, Tigy et moi, parcourir alternativement des régions froides et des régions torrides, franchir plusieurs fois l'équateur dans différents océans, connaître tour à tour les cinq continents, et ma machine à écrire nous suivait partout, dans une caisse renforcée construite pour elle. Car j'écris partout. Quelle était notre destination ? Où allions-nous ? Partout. Nulle part [14]. »

Comme il s'était grisé des nuits de Paris, le voilà désormais ivre de voyages et d'aventures. La folie des années 25, le Moulin-Rouge, la rue de Lappe, Montmartre... tout cela lui semble à la fois proche et lointain.

14. *Mémoires intimes.*

Simenon se métamorphose une seconde fois. Le romancier populaire devient romancier. Georges Simenon remplace Georges Sim. On n'a pas fini de disserter sur les circonstances exactes de la création de Maigret. Ce personnage va, sans conteste, bouleverser la vie de Simenon. Peut-être même prendre sa place, pour le moins, devenir son ombre. Magnifique sujet de réflexion pour les analystes. L'auteur lui-même aura plus tard le temps de revenir sur les rapports l'unissant à son personnage.

Écrit en septembre 1929, le premier Maigret sort chez Fayard en 1931. Simenon a posté le manuscrit à Stavoren trois mois après l'avoir achevé — « en quatre jours », déclare-t-il à Arthème Fayard. Le grand éditeur populaire demande trois autres Maigret avant de rendre sa décision. Simenon ne rechigne pas, avec *Monsieur Gallet, décédé, Le Pendu de Saint-Pholien* et *Le Charretier de la « Providence »*, tous écrits à bord de l'*Ostrogoth* lors de l'été 1930 à Morsang-sur-Orge.

En février 1931, fidèle à sa légende, Simenon organise une somptueuse fête le vendredi 20 à minuit, dans un cabaret de Montparnasse, La Boule blanche. La soirée s'intitule « Bal anthropométrique » et consacre le lancement éditorial de la série des Maigret. Le succès est au rendez-vous et les bonnes critiques également. Le retour des canaux et des rivières se fait donc en fanfare. Dans les mois qui vont suivre, Simenon connaîtra la gloire du romancier grâce notamment au « coup » médiatique du « Bal ». Peu après, l'heureux couple quitte la place des Vosges, désertée depuis deux ans. C'est à l'abri de la cabine de son cotre breton qu'il maintient son incroyable cadence de production. Les Maigret sortent de la machine à écrire sans répit. En 1931, huit Maigret voient le jour. Ce sera la dernière année de la période *Ostrogoth.* Alors qu'il se rend à Deauville, puis à Ouistreham avec le bateau, une Chrysler couleur chocolat, chauffeur à bord, longe la berge à lente allure. Partout on rend hommage au jeune prodige de l'édition. Sur les planches de Deauville, Simenon dédicace ses Maigret en plein mois d'août. Les soucis d'argent appartiennent désormais au passé. L'heure est à la griserie de sa fraîche renommée.

A peine sortis en librairie, les ouvrages sont traduits en plusieurs langues et le cinéma s'intéresse à Maigret. *Le Chien jaune,* paru en avril 1931, est porté à l'écran par Jean Tarride. Jean Renoir acquiert les droits de *La Nuit du carrefour,* paru en juin.

Simenon n'en finit pas d'étonner. Il se veut une sorte de nouveau Jack London.

En août 1931, il donne une nouvelle soirée à bord de son bateau à l'occasion de la sortie en librairie de *La Folle d'Itteville,* un « phototexte » signé Georges Simenon et Germaine Krull.

« L'autre mardi, entre neuf heures et minuit, cet homme si habile à diriger sa barque sur les eaux de la littérature commerciale recevait ses amis sur son yacht l'*Ostrogoth,* amarré pour la circonstance quai d'Anjou, dans l'île Saint-Louis, relate le chroniqueur mondain de *L'Œil de Paris.*

« Dans la chambre de son yacht, Georges dédicaçait à tour de bras à tous ses amis le premier volume de sa nouvelle collection de romans, intitulée ''Phototexte''... Quand ce fut au tour de l'éditeur Kra à recevoir son exemplaire :

« — Je ne suis pas comme votre confrère Les Éditions de France, dit le prolifique romancier en rédigeant sa dédicace, lesquelles, pour *Le Coup de grâce* d'un des auteurs de leur maison, annoncent : ''Le premier roman de Kessel depuis trois ans''.

« Et il tendit au destinataire l'exemplaire dédicacé à son nom, sous lequel il avait écrit ces mots : ''Le premier roman de Simenon depuis huit jours''. »

En cette fin de 1931, Simenon se sépare de son vieil *Ostrogoth* pour aller résider au Cap-d'Antibes. N'est-ce pas un peu de lui-même qui s'en va ? Un morceau de son âme qu'il a vendu ? Mais à qui ?

Après trois mois passés dans la villa « Les Roches Grises », il décide de quitter le soleil du Midi. C'est à bord de la Chrysler Imperial payée par Maigret que Georges et Tigy retournent vers la capitale. Par des chemins détournés.

— Ils ne prenaient jamais de précautions, raconte Boule. Ils partaient en se disant qu'ils trouveraient toujours quelque chose à louer sur place. Simenon allait et déménageait sans aucun problème. Ce qui importait le plus, c'était le brouillard. Il fallait que le brouillard ait le goût de ceci ou de cela ! Alors donc, nous voilà partis, Gros-Jean comme devant, pour La Rochelle. Arrivés là-bas, nous sommes restés un moment à l'Hôtel de France. Il s'est alors mis à chercher une propriété. Et il a trouvé un appartement rue Jeanne-d'Albret en attendant. On y est restés un mois et demi avant l'installation à « La Richardière »*.

— J'ai découvert La Rochelle par hasard, reprend Simenon. Il y avait un an qu'on avait publié mes premiers Maigret et j'étais allé passer quelques mois sur la Côte d'Azur. Pour revenir, j'ai voulu passer par la côte. Et à un moment donné, je suis arrivé à La Rochelle. Je me suis perdu dans toutes ces rues à grands portails et à arcades et cette ville m'a tellement séduit que j'ai trouvé une propriété tout près : c'était « La Richardière », à Marsilly. J'ai essayé de l'acheter, mais elle n'était pas à vendre, alors j'ai obtenu un long bail et je m'y suis installé. C'est la ville dont j'ai été le plus amoureux. Je crois d'ailleurs que c'est celle sur laquelle j'ai écrit le plus de romans*.

1931
La Richardière

« La Richardière » est une belle gentilhommière du XVIe siècle située sur la route sinueuse qui va de Nieul à Marsilly, « seule, avec son pigeonnier, au bout des prés et des champs, avec son bois vibrant d'oiseaux et la mer en bordure », décrit Simenon. Qui se souvient aujourd'hui de l'illustre locataire des années 30 ?

Sur la photographie en couleur prise à l'automne, Boule reconnaît la demeure, le petit chemin de terre qui y conduit et la cour de ferme juste devant la grille d'entrée. Elle désigne une fenêtre, au premier étage...

— Là, c'était le bureau de Daddy, et à côté l'atelier de Mamiche... Elle peignait beaucoup à « La Richardière »*.

— Une chose m'attirait beaucoup à La Rochelle, raconte Simenon, et je l'ai écrit dans un de mes romans, d'ailleurs. J'ai retrouvé dans la région de La Rochelle, surtout vers le nord, exactement la même luminosité qu'en Hollande, une luminosité du ciel à la Vermeer de Delft. Une luminosité extraordinaire*.

La Rochelle est indéniablement un des lieux clés de la géographie simenonienne. De 1931 à 1940, malgré de nombreux voyages, la région rochelaise restera le port d'attache du couple. Pour ces années d'avant-guerre, si déterminantes pour lui, sa mémoire est incertaine. Le livre d'or du Café de la Paix de La Rochelle contient ces deux lignes rédigées en 1966 : « En souvenir de la période la plus heureuse de ma vie. »

« Pour les années 30 à 40, je ne dirai pas que c'est un trou, mais je ne les reconnais pas, je ne me reconnais surtout pas et je ne me sens pas les vivre. Je pourrais me tromper de deux, de trois ans, sans que cela fasse de différence. Qu'est-ce que je cherchais, pendant ces années 30, en courant de château en bistrot, d'un continent à l'autre, en passant quarante jours d'affilée sur un paquebot pour me rendre à Sydney, en installant une machine à écrire dans les endroits les plus divers et parfois les plus reculés du monde ? Curieusement, à cette époque-là, je ne me posais pas la question. Cela me paraissait naturel. J'avais envie de vivre, de vivre toutes les vies, d'être à la fois paysan, marin, homme de cheval, parisien élégant aux Champs-Élysées [15]. »

A « La Richardière », Simenon est plutôt gentleman-farmer. Il élève cinq chevaux. Son préféré est un pur-sang arabe blanc baptisé Paulo. Il est le seul à le monter. Sans éperons ni cravache.

— J'allais à cheval régulièrement à La Rochelle. A sulky. Le maire de la ville, qui s'appelait Vieljeux, était un très bon ami. Remarquant devant le Café de la Paix un garçon tenant mon cheval, quelquefois des heures durant, pendant que je faisais mon bridge ou ma belote, il m'a dit : « Ce serait plus facile s'il y avait un anneau. » Et il y a eu un anneau scellé dans le trottoir du Café de la Paix. Je l'y ai retrouvé trente ans après*.

A Marsilly, Simenon est en totale osmose avec la nature. Cet infatigable promeneur fait chaque jour de longues chevauchées dans les prairies voisines de la Vendée. « La Richardière » est une superbe propriété où le romancier semble avoir enfin trouvé un équilibre.

« Dans le grand étang qui recevait à marée haute sa ration d'eau de mer, barbotaient près de cinq cents canards disposant de maisonnettes peintes en vert sur un îlot. Derrière le potager, nous élevions des lapins blancs aux yeux rouges que de vieilles femmes du village venaient épiler régulièrement. Une cinquantaine de dindons blancs circulaient en paix, parmi les oies et les poules, et le dindon le plus grand, le plus massif, était surnommé Maigret, car il s'interposait avec autorité dès qu'un combat s'annonçait entre deux mâles. On aurait pu croire qu'il était chargé de la police de la basse-cour. Dans les bois, nous avons élevé des faisans que nous n'avons jamais tués et qui venaient nous manger dans la main [16]. »

— J'avais aussi une mangouste. D'ailleurs, elle est encore à La Rochelle, au musée d'Histoire naturelle. Elle avait été tuée par erreur par un chasseur car elle allait se promener dans les bois où on lui a

15. *Un homme comme un autre.*
16. *Mémoires intimes.*

tiré dessus. On en a fait une coupe permettant de voir l'intérieur d'une mangouste *.

Tel père, tel fils. Son amour des animaux, Simenon l'a transmis à Marc qui emmène toujours avec lui, de Paris à Porquerolles, un impressionnant Leonberg, une buse manchote et... une mangouste.

— J'allais faire le marché très régulièrement avec le sulky. J'adore le marché de La Rochelle. On commençait par la rue du Minage, puis on faisait tout le tour jusqu'à la halle aux Poissons. C'était merveilleux de passer à cheval dans les rues étroites. Et puis l'après-midi, quand c'était l'époque de la sardine, j'attendais l'arrivée des sardiniers. Les femmes criaient : « Voyez mon joli sans-sel ! Voyez mon joli sans-sel ! » et j'achetais des sardines qui frétillaient encore, au grand désespoir de Boule parce que je les mangeais crues. Il fallait en faire des filets et les mettre dans le frigidaire pendant une heure ou deux. Et j'en mangeais six douzaines. Alors la pauvre Boule, qui devait faire des filets avec des sardines encore vivantes, ce n'était pas facile. Elle me maudissait quand j'arrivais avec ça * !

A Marsilly, on nage dans le bonheur. Georges Simenon produit énormément. Des Maigret bien sûr, et ce qu'il appellera ses « romans durs ». En mars 1932, il écrit ainsi son deuxième roman sans Maigret, *Le Passager du « Polarlys »*. Le même mois, il rédige *Le Fou de Bergerac* et, en mai, *Liberty-bar*. Deux Maigret. Incroyable fécondité, due sans nul doute à la forme intellectuelle et physique du romancier. Simenon prend également soin de son corps. Il pratique le golf, le canotage et tape sur un punching-ball... Dans *Le Père Ubu*, journal dont on va cerner rapidement la ligne rédactionnelle, le lecteur de l'époque peut se rendre compte de l'extraordinaire vitalité du romancier...

« L'éminent académicien nous reçoit dans sa propriété des Charentes, où nous nous sommes rendu à vélomoteur. L'accueil est cordial. M. Simenon nous introduit dans son bureau, fait jouer un déclic de sa table et sort une bouteille et deux verres.

« — Pourquoi je suis venu ici ? nous dit-il en aspirant le contenu du sien avec élégance... C'est simple, il n'y a qu'ici que j'ai trouvé l'eau-de-vie qui me donne la bonne carburation. On a dû vous parler de mes méthodes de travail : un verre par page, six litres au chapitre. J'ai fait beaucoup mieux, au temps de ma production en série. Je n'écrirai plus que six chefs-d'œuvre par an, que Thémie signalera, les dates sont retenues. Ce qu'il faut, c'est de la régularité et des articles dans *Le Temps,* car le temps, c'est de l'argent. J'écris mes chapitres, je fais le pitre, une femme recopie, celle qui lit, c'est une bonne, bonne d'enfant, enfant de troupe, troupeau de moutons...

« Notre entretien est brusquement interrompu par l'arrivée de deux énormes gaillards qui se précipitent sur l'écrivain en criant : ''Il est là, il s'est échappé !'' Ils le ceinturent et l'entraînent. »

Simenon déborde d'énergie et s'apprête à tourner la version cinématographique de *La Tête d'un homme* ! Le comédien Valéry Inkijinoff vient pour l'occasion le visiter à Marsilly. L'épisode nous est raconté dans *Vu* du 20 avril 1932 :

« M. Georges Simenon, l'auteur bien connu de nombreux romans policiers, a présenté *La Nuit du carrefour,* film tiré d'un de ses romans, qui sera suivi prochainement par *Le Chien jaune.* Il mettra en scène lui-même *La Tête d'un homme,* dont le principal rôle sera tenu par le grand artiste M. Inkijinoff (sic). »

Le projet, on s'en doute, avortera. Les problèmes liés à la production finissent par décourager le candidat réalisateur, bientôt contraint à l'abandon. C'est finalement Julien Duvivier qui tournera *La Tête d'un homme.* Hormis le scénario — où le commissaire Maigret est campé par Harry Baur —, il nous reste un reportage photographique où posent côte à côte le comédien et son futur ex-metteur en scène. Et comme le confie Inkijinoff au reporter de *Pour Vous* :

« Simenon est un homme extraordinaire. Son activité ne connaît pas de trêve. Lorsqu'il n'écrit pas, il coupe du bois, fait exécuter des tours à son chien, dresse sa chèvre ou va à la recherche de ses personnages. »

1932 le voyage en Afrique

L'été 32, les Simenon confient « La Richardière » à Boule pour deux mois. Fidèles à leur amour du voyage, ils partent à la découverte de l'Afrique. Véritable aventure à une époque où les grands trajets n'offrent que de douteuses conditions de sécurité. L'expédition est difficile et périlleuse. Comme le vol de ce vieux monoplan de l'Imperial Airway qui assure la liaison Le Caire - Quadi-Halfa (frontière du Congo belge) à seulement 2 000 mètres d'altitude... Après l'avion, la piste, avec une vieille Fiat en très piteux état. Puis le vapeur pour naviguer sur le Congo, de Stanleyville à Matadi. C'est là que les attend Christian, le frère de Georges, employé d'une société belge de la ville.

— J'ai adoré le Noir, le « Noir nu », comme disait mon frère qui a vécu vingt-cinq ans en Afrique : tant qu'il n'est pas habillé et qu'il n'a que sa touffe d'herbe, il est merveilleux. Quand il porte des vêtements, il n'est plus le même homme. La fameuse culture dont nous sommes si fiers, notre mécanique et nos sciences, un primitif les absorbe très rapidement, sans difficulté [17].

En novembre 1932, Simenon relate son épopée aux lecteurs de

17. Interview à Henri-Charles Tauxe *in Georges Simenon, de l'humain au vide,* Buchet-Chastel, 1983.

l'hebdomadaire illustré *Voilà*. Il intitule son reportage « L'heure du Nègre » : violente satire du colonialisme blanc qui se termine par ce jugement sans appel :

« *Oui ! L'Afrique nous parle. Elle nous dit merde et c'est bien fait.* »

De retour à La Rochelle, Simenon prolonge le plaisir du voyage. Dans sa rubrique « Exotisme », le journal *Aux écoutes* s'en fait l'écho.

« Le romancier Georges Simenon est un personnage peu ordinaire. (...) Revenant dernièrement d'une longue croisière en Afrique australe, il s'est pris d'un tel goût pour tout ce qui lui rappelle les régions visitées par lui qu'il voulut faire édifier dans le parc de ''La Richardière'', sa propriété aux environs de La Rochelle, des huttes analogues à celles des peuplades africaines. Pour cela, il s'adressa à l'autorité militaire qui mit aimablement à sa disposition un bataillon de troupes noires. Mais les hommes, qu'un trop long séjour dans la métropole a rendu étrangers à l'architecture ancestrale, ne purent s'acquitter de leur tâche. En revanche, ils firent un tel honneur aux boissons qu'on leur servit qu'on dut faire venir d'autres troupes pour les encercler et les empêcher de se répandre dans les environs. »

La vie reprend à Marsilly. Simenon a retrouvé son bureau et ses horaires.

— Il se levait très tôt, vers six heures, raconte Tigy. Il ne fallait pas qu'il y ait de bruit dans la maison. Il exigeait le calme absolu. Il prenait son petit déjeuner, un café. Il s'enfermait dans son bureau. Il travaillait pendant deux heures, très rapidement, et puis après c'était terminé. En ce sens que, l'après-midi, il allait se promener, marcher dans la campagne. Il pensait, il préparait son chapitre pour le lendemain. A ce moment-là, il écrivait au rythme d'un roman par mois. Il partait toujours avec la première phrase en tête. Jamais je ne l'ai vu faire un plan et il ne connaissait jamais la fin de ses histoires. Selon ses réactions, cela amenait une chute qui était imprévisible. Il était comme en transe quand il écrivait, vous comprenez... Il crée des personnages. Il les pousse jusqu'au bout de leurs possibilités. Jusqu'au drame. Il ressentait en lui toute la misère humaine et il l'exprimait dans ses romans. Il recherchait chez tous les gens que nous côtoyions le drame qui existait en puissance, les haines sourdes... Si vous regardez bien, il y a beaucoup de gens qui ratent leur vie. C'est ça qui l'intéressait*.

Parmi les Rochelais qui croisent régulièrement Simenon au Café de la Paix, sur le port ou dans les bistrots, qui peut s'imaginer le travail colossal fourni ces années-là ? A le regarder vivre, chacun rêve de devenir romancier pour voyager, se divertir, enlacer de jolies femmes. Ils ignorent tous la face cachée de l'écrivain et ne connaissent que le souriant fumeur de pipe. En 1933, dans *Je suis partout*, un échotier brosse le portrait de ce romancier provincial cultivant son jardin et ses amitiés :

« L'étonnant Georges Simenon, qui commence à publier une série nouvelle de romans énigmatiques, sinon policiers, semble avoir oublié ce désir permanent d'évasion qui lui fit visiter, à la suite de la Scandinavie, l'Afrique-Équatoriale. Établi dans une gentilhommière près de La Rochelle, il y mène la vie large et tranquille des propriétaires terriens, fort occupé de ses quelques centaines de lapins, poules et canards. Reçoit-il un ami, il lui fait faire aussitôt le tour de ses domaines. L'emmène-t-il se promener à cheval, et l'ami, distrait, abandonne-t-il les rênes de sa monture, celle-ci se dirige seule vers le café du lieu. Là, Simenon offre à boire à toute la population du village. Sa popularité est incroyable. »

A La Rochelle, il s'adonne aussi à sa nouvelle passion de l'aviation. Le 22 avril 1933, l'aéro-club de Charente-Inférieure enregistre son trente et unième adhérent. Sur le registre soigneusement conservé, on peut lire une écriture appliquée : « Georges Simenon, ''La Richardière'', commune de Marsilly, homme de lettres, membre actif. »

Simenon est devenu un vrai notable. Il fréquente les salons rochelais. Il assiste à la première locale de *La Tête d'un homme* au cinéma L'Olympia. Le journal de La Rochelle nous informe :

« Jusqu'à dimanche soir : *La Tête d'un homme.* Ce film, qui obtient un très gros succès, a été présenté devant une assistance choisie, parmi laquelle nous avons noté M. le Préfet, qui a adressé à M. Georges Simenon ses plus vifs compliments. De longs applaudissements ont salué cette magnifique production. »

1933
le tour de l'Europe

Après avoir achevé la rédaction de *L'Écluse n° 1,* Simenon se rend chez Fayard. Son contrat s'achève avec cette dernière enquête du commissaire Maigret. Il ne souhaite plus en écrire. On imagine aisément la colère de l'éditeur au plus fort du succès de la collection. Simenon estime être arrivé à un carrefour de sa carrière. Il doit passer à autre chose. Il propose à Fayard les manuscrits de quelques romans « durs », dont *La Maison du canal.* La discussion est âpre entre l'auteur et son éditeur. Finalement, Fayard accepte de les publier mais exige en échange un nouveau Maigret. Il a gain de cause. Simenon écrit *Maigret* dans les semaines qui suivent. Il pense conclure la série, puisque le roman met en situation un commissaire en retraite, contraint par les événements — l'honneur de la famille est en jeu — à reprendre une dernière fois du service. Ce sera là l'ultime Maigret paru chez Fayard, en 1934.

Au début de l'année 1933, après quelques semaines passées à Porquerolles, Simenon et Tigy quittent La Rochelle pour un tour des capitales européennes. La première étape est l'Allemagne. Arrivé à Berlin, Simenon descend à l'hôtel Adlon, où séjourne également un client célèbre. A deux reprises, dans les luxueux salons du palace, il pourra observer Adolf Hitler en grande conversation avec la Kaiserin. Il le raconte dans son reportage pour l'hebdomadaire *Voilà,* sous le titre « Europe 33 ». Le journaliste est mis en relation avec les communistes allemands qui l'avertissent d'un coup de force imminent des nazis, sans en savoir plus de leurs intentions. Simenon câble immédiatement sa nouvelle à *Paris-Soir,* qui juge opportun de ne rien publier. Quarante-huit heures plus tard, les nazis incendient le Reichstag et accusent les communistes.

Après l'Allemagne, le voyage se poursuit vers la Pologne, la Tchécoslovaquie, la Hongrie, la Roumanie, la Russie, la Turquie... Simenon relatera ses impressions dans une série d'articles intitulés : « Peuples qui ont faim », publiée par *Le Jour* l'année suivante.

« Et ils avaient vraiment faim. D'une façon différente, selon qu'on franchissait telle ou telle frontière. Les Hongrois continuaient à écouter les violons en mangeant ; les Tchèques étaient seulement un peu plus raides, renfermés sur eux-mêmes ; les Roumains continuaient chaque jour à jouir du spectacle de la garde royale en uniforme tricolore, mais tout était à vendre, y compris les hauts fonctionnaires, et, m'a-t-on juré, des femmes de ministres [18].*»*

En Europe orientale, Simenon prend des centaines de clichés de jeunes Slaves aux formes avantageuses.

« Le souvenir le plus vif se place en 1933 à Varsovie. Je faisais le tour d'Europe. J'arrivais de Berlin. Un après-midi que je marchais seul dans une rue animée, je vis une silhouette derrière une porte cochère. C'était une jeune femme blonde, potelée, qui me parut appétissante, et j'entrai sous la voûte. Elle me conduisit au second étage, dans une chambre coquette, et là, je constatai que cette jeune femme était une des plus belles, des plus attirantes qu'il m'ait été donné de rencontrer. Nous avons dû passer une heure ensemble. Guère plus. Aujourd'hui, je la revois pour ainsi dire dans tous ses détails et je jurerais que c'est d'elle que j'ai reçu la plus forte émotion sexuelle de ma vie [18]. *»*

A leur passage à Ankara, les Simenon adoptent trois jeunes loups. Le premier, dont l'une des pattes est brisée, meurt rapidement malgré les soins du vétérinaire.

— Il y avait Nejla qui était la femelle, se souvient Boule, et puis Sazi, le mâle. C'était le capitaine du bateau qui leur avait trouvé ces bébés loups. Mamiche les sortait tous les jours. Elle s'en occupait beaucoup. Et quand ils s'absentaient, elle ne voulait jamais que je les sorte. Elle avait très peur. Alors ils avaient une grande cage très solide. Simenon a donné le mâle à un zoo de Paris. Chaque fois qu'on y allait, il nous reconnaissait*.

Nejla, atteinte d'eczéma, deviendra subitement hargneuse et dangereuse, refusant de se laisser soigner. On sera contraint de lui faire une piqûre.

S'il arrive parfois aux voisins de Simenon de s'inquiéter des excentricités de l'illustre Rochelais, les relations villageoises sont cependant excellentes. Le romancier pénètre tous les milieux, traverse toutes les couches sociales, poursuivant sans cesse sa découverte de l'« homme nu » dont la peau, ici, a le goût du sel... : paysan, marin ou armateur.

— Entre La Rochelle et la Vendée, il existe une race de gens bien spéciale : ce sont des paysans de la terre qui sont en même temps des paysans de la mer, si je puis dire. C'est-à-dire qu'ils ont de la terre et des vaches, mais qu'en même temps ils ont des bouchots et des parcs à huîtres. Alors le matin, à quatre heures, ils vont à leurs parcs à huîtres ou à leurs bouchots et puis après ils s'occupent de leurs vaches. Et ça, c'est une race bien spéciale que je n'ai trouvée nulle part ailleurs*.

En octobre 1933, Simenon quitte définitivement Fayard et signe un contrat avec Gaston Gallimard dont les termes, exceptionnellement

18. *Un homme comme un autre.*

27

favorables à l'auteur, suffoquent le grand éditeur parisien. Simenon pose ses conditions. Gallimard les accepte, conscient de la valeur, à tous égards, du nouveau venu dans sa maison. Le contrat, renouvelable tous les douze mois, porte sur une production de six livres par an.

Ce même mois paraît dans *Voilà* le récit d'un autre départ. Celui des bagnards de Saint-Martin pour les pénitenciers de Guyane, sous le titre : « Une première à l'île de Ré ».

C'est le dernier hiver que Simenon et Tigy passeront à « La Richardière ». Le bail est expiré et le propriétaire des lieux refuse de vendre. La mort dans l'âme, ils quittent leur château. Mais quatre ans plus tard, ils reviendront à La Rochelle.

1934 l'Araldo

Au printemps de 1934, les Simenon retournent à Porquerolles. En juin, le romancier, toujours aussi épris de mer et de navigation, loue son troisième bateau : l'*Araldo.* De loin le plus beau.

C'est une goélette à huniers, longue de trente mètres et destinée la plupart du temps à charger de la ferraille. Le capitaine Simenon la réserve pour une année à son armateur italien, avec tout l'équipage !

La presse du monde entier se fait l'écho des tribulations du romancier, tel ce journaliste du *Petit Matin* de Tunis en juillet 1934 :

« Il fallait bien le rencontrer un jour, Georges Simenon, qui va partout et qui tient dans le roman une place si personnelle et si pittoresque. Les lecteurs de *Marianne* le savent en Méditerranée, car il publie dans ce magazine un charmant et frais reportage écrit à bord d'une petite goélette, l'*Araldo*, qui a déjà fait une bonne partie du bassin occidental : Marseille et toute la côte jusqu'à Gênes, l'île d'Elbe, la Sicile, Malte...

« L'*Araldo* est à Tunis, au milieu des voiliers, et Simenon furète en ville arabe, assiste au retour du bey et aux fêtes qui s'ensuivent, se documente et laisse aller son imagination sur un Orient qu'on ne voit plus beaucoup en Méditerranée.

« Car ce reportage dans *Marianne,* après celui, sensationnel, sur l'affaire Prince, ne l'empêche pas de rester romancier. Et vous savez dans quelles conditions, car elles sont célèbres :

« — Oui, je continue à écrire mes romans comme autrefois. Toujours onze chapitres, un par jour, deux heures de travail. Je vais au hasard de la plume, un peu par superstition, car mes romans gâchés sont ceux que j'avais préparés, avec plan, réflexion et tout... Alors, j'aime mieux ma petite discipline quotidienne sur papier blanc et inspiration de la seconde.

« Tunis plaît beaucoup au romancier et il le dit comme il le pense, en joignant à sa pensée des souvenirs de Turquie et d'ailleurs. C'est un voyageur délicat qui voit juste et s'émeut devant les belles choses. Il y en a tout de même quelques-unes ici. »

Après ce tour de Méditerranée, Simenon, Tigy et Boule, ainsi que toute la ménagerie de « La Richardière », élisent domicile dans la forêt d'Orléans, au château de la Cour-Dieu, près d'Ingrannes. C'est une ancienne abbaye cistercienne. Là, l'écrivain dispose d'une chasse de dix kilomètres carrés. Il monte chaque jour à cheval. Tigy, elle, s'ennuie ferme sous les sapins. Il pleut souvent et son âme n'est pas à la peinture. Si près de Paris, elle sent monter la nostalgie des années folles.

Le château est confié à Boule. Pour la dernière fois, Simenon emmène Tigy autour du monde. Nouveau voyage. Nouvelle fuite aussi. Un certain malaise commence à poindre dans ce tourbillon incessant.

« Tous mes départs ont été des fuites. Je fuyais un monde qui n'était plus le mien, qui avait cessé de m'appartenir, de faire corps avec moi, et qui m'avait fourni, à mon insu ou non, la matière de quelques romans. Je n'ai jamais cherché l'exotisme [19]. »

Début 1935, les Simenon s'embarquent pour New York. Le début d'un long voyage qui les conduira successivement à Panama, en Colombie, en Équateur, aux Galapagos, à Tahiti, en Nouvelle-Zélande, en Australie, en Inde… Selon l'habitude, le romancier redevient journaliste et fournit de nombreux reportages à une presse toujours avide d'impressions simenoniennes. C'est à Tahiti qu'il s'attardera le plus longtemps, ramenant en France la matière d'autres romans.

Dans *La Nouvelle Dépêche* du 23 juillet 1935 :

« M. Georges Simenon, l'écrivain bien connu, ayant fini son séjour à Tahiti, s'est embarqué à Papeete pour l'Australie, continuant son tour du monde. Son départ a été l'occasion d'une manifestation de sympathie de ses nombreux amis tahitiens : il y eut sur le quai des danses et des chants indigènes, et sa cabine était remplie de tiaré, la fleur odorante tahitienne. Nous croyons savoir que Simenon emporte de Tahiti une documentation très complète, qui lui permettra de présenter bientôt Tahiti, telle qu'est devenue, en 1935, l'île qui enchanta Pierre Loti. »

Tahiti. Le décor de carte postale qui sied tant aux amours faciles des romans populaires.

« J'habitais Tahiti. J'avais donné une fête pour tout le village et l'on servait le punch dans des tonneaux. Tout le monde était sur la plage qui touchait presque la maison. A un moment donné, j'y suis rentré en compagnie d'une jeune Tahitienne. Elle a retiré son paréo et nous avons fait l'amour. C'est elle qui a entendu un léger bruit de pas. C'était Tigy qui venait voir ce que je faisais. Elle ne s'est doutée de rien. L'incident est donc banal, sans conséquence. Pourtant, je revois avec une netteté photographique le corps nu de la jeune Tahitienne s'élançant d'un bond sans souci de l'endroit où elle tomberait [19]. »

Sur le paquebot du retour, Tigy s'apercevra cependant de la relation nouée par son mari avec une jeune Anglaise de seize ans. Simenon s'est amouraché d'une adolescente qu'il va retrouver à la sauvette, le soir, dans sa cabine, à l'insu de sa femme et des parents de la petite.

La traversée va durer quarante-deux jours, mais l'idylle un peu plus longtemps. De retour à Paris, Simenon échangera une brève correspondance avec la petite Londonienne. Passion sincère puisqu'il songera même à divorcer pour l'épouser. Mais l'heure n'a pas encore sonné de la séparation…

19. *Un homme comme un autre.*

29

1936
boulevard
Richard-Wallace

A son retour en France, la gloire sourit à l'écrivain qui emménage dans un somptueux appartement du boulevard Richard-Wallace, face au bois de Boulogne. Un décorateur a soigneusement agencé l'intérieur pendant que le romancier à la mode court les magasins chics. Pardessus bleu, Hombourg gris perle et gants blancs, Simenon conduit dignement un cabriolet Delage vert pâle et s'arrête chaque jour à cinq heures devant le Fouquet's. Physiquement, il a grossi et son visage s'est empâté. « *J'étais devenu snob* », écrit-il dans *Mémoires intimes*, où il montre encore beaucoup de gêne à faire revivre le personnage qu'il était devenu. Bien différent de l'enfant du quartier d'outre-Meuse et de l'écrivain explorateur si proche d'autrui. Simenon s'égare. Il situe alors l'épisode considéré par lui comme « le plus honteux » de sa vie, lorsqu'il rend une visite éclair à sa mère, demeurée à Liège...

« Je me souviens que nous marchions, bras dessus, bras dessous, dans la rue du Pont-d'Avroy, quand je lui ai dit à peu près ceci :
— Vois-tu, mère, il n'y a que deux sortes de gens sur terre : les fesseurs et les fessés. Je préfère être du côté des fesseurs.
Ces mots-là, aujourd'hui, me remplissent encore d'amertume et continuent à m'humilier. J'étais mal parti. J'imitais les personnages importants que je rencontrais chaque semaine. J'assistais aux soirées en habit. Bref, j'étais en train de sombrer [20]. »

Au printemps de 1936, nouveau séjour à Porquerolles. Simenon se sent de plus en plus mal à l'aise à Paris. Il y écrit peu durant ces trois années. Seulement deux romans — sur les dix-huit de la production Gallimard — en sont datés ! Tous les autres sont pratiquement rédigés à Porquerolles. Là, au contact de la Méditerranée, il respire. Il fait construire un « pointu » et part en mer à la nuit tombée pour pêcher avec le marin Tado. Cette typique embarcation porquerollaise existe toujours. Un demi-siècle après les parties de pêche de l'écrivain, elle flotte encore dans le petit port méditerranéen, amarrée au ponton des « Myriades », la propriété des Simenon, Marc et Mylène.

Quand il ne joue pas aux boules — où il s'avoue non sans fierté « un pointeur honorable » — Simenon écrit inlassablement. En août, il achève son plus gros roman, dont l'action se situe à La Rochelle : *Le Testament Donadieu*.

« Gilbert Sigaux parle de ma période Balzac, en laissant entendre que dans Le Testament Donadieu *j'ai voulu faire du Balzac. En réalité, je parlais seulement de ce que je découvrais parce que j'habitais La Rochelle et que j'étais l'ami de gros armateurs de cette ville. Quant à la longueur de ce roman, elle tient non à ce que j'y attachais de l'importance mais à ce que ce roman m'était commandé par* Le Petit Parisien, *qui exigeait de très longs romans. Tous les romans de cette époque sont caractérisés non par mon désir de faire du ''suspense'', mais par le fait qu'ils étaient tous destinés à être publiés en feuilletons* [21]. »

Un écho de presse de 1935 le confirme :
« M. Georges Simenon médite de réhabiliter le roman-feuilleton. Il rêve d'écrire des livres, non plus de trois cents pages, mais de mille pages, qui, grâce à des actions complexes, à des héros multiples, pourraient tenir en haleine un public de quotidien pendant trois mois au moins.

20. *Un homme comme un autre.*
21. *Quand j'étais vieux.*

« Et, pour donner l'exemple, M. Simenon prépare un roman-fleuve pour *Le Petit Parisien*. »

Les mois passent. Les romans se multiplient. Contrat oblige. L'été à Porquerolles. L'hiver à Neuilly.

« Vers le milieu de l'année 1937, installé dans mon luxueux appartement du boulevard Richard-Wallace, j'ai été pris soudain de révolte contre ce qui m'entourait, contre le pantin dont je jouais le rôle dans un monde de pantins où je m'étais introduit pour le connaître. J'étais écœuré par la vie que je menais (...) Un matin j'ai dit à Tigy :

— Je veux travailler ailleurs, dans une petite maison à ma taille, loin des villes, loin des touristes, avec la mer toute proche [22]. »

« Pendant quelque temps encore, j'ai enfilé mon habit chaque soir. Puis tout d'un coup, j'ai sauté dans ma voiture et je suis parti pour la Hollande. Je cherchais une petite maison au bord de la mer, loin des plages et des casinos. A mesure que je descendais vers la Normandie, puis la Bretagne, je m'apercevais que tous les endroits où la mer était accessible étaient surpeuplés. Je me suis arrêté enfin à La Rochelle, près du petit château dans lequel j'avais vécu quelques ans plus tôt. Ce n'était plus un château que je cherchais. C'était au contraire une maison simple et rustique, la maison, comme je disais alors, où l'on aimerait avoir été passer ses vacances chez sa grand-mère. C'est ainsi que je me suis installé à Nieul-sur-Mer [23]. »

1937
le retour à La Rochelle

Après Marsilly, après cinq années de séparation, les Simenon retrouvent la campagne rochelaise. Grâce à leur ami le docteur Béchevel — qui servira très bientôt de modèle au *Petit Docteur* — ils se portent acquéreurs d'un ancien prieuré à Nieul-sur-Mer. Le bâtiment nécessite d'importants travaux et, provisoirement, Jo, Tigy et Boule s'installent dans une petite villa du bord de mer, « Mon Rêve ». Pendant que les deux femmes s'attellent aux travaux de réfection, le matin, Simenon accomplit son métier d'écrivain. Il écrit de courtes nouvelles pour vite retrouver l'atmosphère du chantier. Ces nouvelles seront réunies et publiées en trois volumes : *Le Petit Docteur*, *Maigret revient* et *Les Dossiers de l'agence O*.

L'après-midi, l'esprit libéré et tout occupé à édifier son nouveau bonheur, il bêche, plante, cloue, répare, démonte, etc. Au soir, quand le soleil se couche sur l'île de Ré, ils vont se baigner tous les trois sur les plages de galets, fourbus mais heureux de leur journée de travail.

Bientôt, une nouvelle recrue vient compléter la petite famille. Simenon embauche une jeune secrétaire prénommée Annette.

Peu à peu, la maison de Nieul prend tournure. Comme à chaque fois qu'il s'installe quelque part, Simenon pense préparer du définitif.

En cette année 1938, l'histoire semble se répéter. Simenon sort de leur caisse le punching-ball, la machine à ramer, les haltères pour gommer définitivement l'image de cet homme encore jeune mais déjà ventripotent, domicilié naguère boulevard Richard-Wallace.

22. *Mémoires intimes.*
23. *Un homme comme un autre.*

Un matin du mois d'août, alors que tout est enfin prêt, Tigy déclare simplement à son mari :

— Maintenant, je veux bien faire un enfant.

« Ce jour-là, peut-être à l'heure même, tu as été conçu, dans la pièce du premier étage qu'une sorte de banc de communion sculpté séparait de nos deux lits transformés en divan pendant le jour. Conçu, mais pas encore né, Marc, car tu devais, avant de voir le soleil, connaître bien des voyages involontaires et des aventures (...) Comme tu vois, tu n'es pas seulement le fils d'un homme et d'une femme mais, si je puis dire, celui d'une maison par surcroît, car, sans Nieul, ainsi que nous disons familièrement comme s'il s'agissait d'une personne, tu n'aurais peut-être pas existé. Que de recherches, de Delfzijl à La Rochelle, pour aboutir à toi ! Et que d'avatars encore. On était en 1938 et tu es né en 1939, des dates qui ont leur importance pour toi autant que dans l'Histoire [24]. »

Un foyer. Un bébé. Le bonheur semble être à son comble. Mais comme dans un roman de Simenon, le drame sourd. Sa présence est trop grande pour être bien perçue dans ce flot de jouissance. Les nuages qui assombrissent l'avenir de l'Europe n'altèrent en rien la beauté des allées du Mail où la bonne société rochelaise aime à se promener chaque dimanche après que les vêpres ont sonné au clocher de la cathédrale. On descend d'abord paisiblement le Palais, abrité du soleil par les arcades, on franchit ensuite la Grosse Horloge en évitant de prendre ses talons dans les rails du « tram », et voici le cours Wilson. Les voiles brunes des bateaux de pêche se mélangent aux cheminées noires des vapeurs qui sont accostés face au quai Duperré, devant les 100 000 Paletots. Puis on se dirige calmement vers la Tour de la Chaîne. Rue-sur-les-Murs, on passe à l'ombre de la Lanterne, on franchit la porte des Deux-Moulins, pour arriver enfin à La Pergola. Sur la terrasse, face à la plage, on regarde la mer autour d'un verre et d'un jacquet. Les filles de La Rochelle en robe légère ne cessent d'arpenter le Mail et les jardins du Casino, soucieuses de trouver un bon parti. Et au milieu de ce charmant tableau provincial, Simenon l'écrivain, en parfait Rochelais, amateur de pineau, de mouclade et d'huîtres servies avec des crépinettes.

— Le Rochelais est méfiant au début. Je parle des bourgeois rochelais, du milieu des gros armateurs. Il vous voit venir et il vous observe. Et puis un beau jour, il vous invite, mais avec plusieurs personnes et simplement à prendre le thé ou à une « party », comme cela. Quand on vous a bien examiné, on vous adopte. Et une fois qu'on est adopté, alors on est de très très bons amis. C'est ce qui m'est arrivé à La Rochelle*.

Dans *La France,* le journal de Bordeaux, daté du 8 juin 1938 :

« L'une des premières personnes qu'il nous a été donné de rencontrer à l'exposition canine a été le célèbre romancier Georges Simenon, revenu se fixer à La Rochelle pour quelques mois.

« Georges Simenon et la charmante Mme Simenon étaient dans la joie, car le magnifique chien qu'ils exposaient venait d'obtenir un premier prix et celui qui a connu de si retentissants succès de librairie était aussi heureux de la victoire remportée par son compagnon à quatre

24. *Mémoires intimes.*

pattes que des impressionnants tirages de ses œuvres, qu'il s'agisse de Maigret du temps jadis ou, Georges Simenon ayant abandonné le roman policier, de l'accueil fait au *Testament Donadieu* ou aux *Trois Crimes de mes amis.* »

Loustic a remplacé Olaf, disparu en 1933 à Porquerolles. C'est un superbe bouvier des Flandres.

Simenon se nourrit de La Rochelle plus que de toute autre ville. *Le Voyageur de la Toussaint, Le Testament Donadieu, Les Fantômes du chapelier, Le Fils, Le Train, Le Clan des Ostendais, Le Haut Mal, L'Évadé, Le Petit Docteur, Le Coup-de-Vague, Le Riche Homme, Le Locataire,* tous ces romans ont pour cadre La Rochelle et ses environs. Cela, sans compter les personnages rochelais intervenant dans d'autres récits. La Rochelle semble être pour Simenon un condensé des sociétés bourgeoises qu'il a pu fréquenter.

— Je ne crois pas que l'image de cette société très dure était exagérée. Je ne sais pas comment elle est maintenant. Mais je me souviens par exemple d'un des armateurs, que je ne citerai pas, qui avait un fils de mon âge, et un jour je dis à ce fils : « Tiens, donnons-nous rendez-vous à telle heure au Café de la Paix. » Il rougit et me dit : « Non, je n'ai pas le droit. » Je lui dis : « Mais comment ? Tu n'as pas le droit de venir au Café de la Paix ? » Il me dit : « Non ! Dans ma famille, on n'a pas le droit d'entrer dans un café. On risquerait de se trouver à côté d'un employé de mon père*. »

Cet armateur ressemble à s'y méprendre à l'un des Delmas-Vieljeux, dynastie de chargeurs français bien connue, et dont le berceau familial se trouve justement à Nieul. Superbe logis édifié l'année d'Austerlitz.

— Georges Simenon était venu me voir dans ma maison de Nieul pour me demander combien je payais mes domestiques, raconte Pierre Vieljeux. Je lui répondis un chiffre dont je ne me souviens plus aujourd'hui. « Eh bien, moi, je donne le double », me répondit-il. « Cela va vous revenir très cher », lui rétorquai-je avec étonnement. « Oh, vous savez, finit-il par me répondre, moi, j'ai un truc. J'ai établi un système de réprimandes. Quand il y a une soupe ratée, je retiens deux francs, une brouette qui traîne, deux francs, etc. Ce qui fait qu'au bout du compte je n'ai plus qu'à verser la moitié du mois* ! »

« *Je n'ai jamais retenu un centime à qui que ce soit, s'indigne Simenon dans un courrier de mai 1985. Et le « truc » en question convient mieux à la personnalité de Vieljeux qu'à moi-même !* »

— Nous étions très amis avec Mme Charley Delmas, dont le mari Franck fut déporté avec Léonce Vieljeux, illustre maire de La Rochelle*, raconte Tigy.

— Mon mari s'occupait de ses maisons et, pour ma part, je me sentais un peu isolée, se souvient Charley Delmas. C'est donc avec joie que j'acceptai un beau jour d'accompagner une amie chez un charmant docteur de campagne, M. de Bechevel, qui habitait avec sa femme à quelques kilomètres de là. La visite sage et gentille s'écoulait calmement, quand arriva un ouragan, manteau ouvert, pipe aux dents et gesticulant : c'était Georges Simenon, qui devint simplement pour nous tous « Jo » durant des années. La sympathie entre nous fut immédiate, et nous acceptâmes avec enthousiasme d'aller le voir dès le lendemain dans sa maison de campagne située à cinq kilomètres de La Rochelle. Je fis alors connaissance de sa charmante femme, Tigy, et de ce jour commença l'amitié qui nous lia intimement pendant longtemps, nous permettant de nous voir deux à trois fois par semaine. Nos réunions avaient toujours lieu le soir, après les heures de travail de l'écrivain… et les bouteilles de champagne se succédaient. Il était simplement fascinant, je n'ai jamais rencontré depuis un homme dégageant un dynamisme et une imagination aussi communicatifs. Il savait nous entraîner dans de merveilleux projets. Bien sûr, certains beaux rêves s'évanouissaient le lendemain, mais auparavant combien de belles soirées ! Tigy nous entourait de mille soins attentifs et son calme apaisait la fertile imagination de son mari*.

1939
Marc

Le soir, à la radio, une voix rauque et tonitruante se fait plus présente chaque mois davantage. Il y a ceux dont l'optimisme naturel conduit à se gausser d'un danger de conflit mondial, prêts à aller « pendre leur linge sur la ligne Siegfried ». Et ceux qui redoutent la revanche allemande et accordent crédit aux nouvelles bien inquiétantes en provenance d'Allemagne. Simenon est de ceux-là. L'affaire du territoire des Sudètes accroît soudainement les risques de guerre et il décide de rapprocher femme et futur enfant du giron familial de Liège. Tant pis, Marc ne sera pas rochelais. A bord de l'énorme Chrysler chocolat, ils remontent vers le nord, conduisant même la nuit. Ils franchissent la Loire, à la rencontre d'un début d'exode. Véritable procession d'automobiles et de charrettes chargées à l'excès mais se dirigeant vers le sud. Regards vers la luxueuse limousine qui roule, elle, vers le point prévu de l'invasion !
Surprise générale. La comédie de Munich et ses accords catastrophiques mettent un terme provisoire à l'angoisse. Les Français sont soulagés. Simenon regagne Nieul, heureux. Tigy va poursuivre sa grossesse à l'abri de l'ancien prieuré. Simenon veut éviter à son épouse tout effort inutile…
« Ce qui n'empêchait pas Tigy de s'activer dans le jardin. C'était le moment de la cueillette des pommes (…) Il n'y a que les jours de soleil à imprégner ma mémoire ? Je revois pourtant la neige tomber, recouvrir silencieusement le sol et les arbres et c'est arrivé cet hiver-là, qui a été plus froid que d'habitude dans la région, au point que je portais un bonnet de loutre noir acheté en Norvège[25]. »
Tigy a trente-neuf ans et Simenon s'inquiète à l'idée d'un accouchement difficile. De surcroît, les cliniques de La Rochelle ne lui inspirent guère confiance. Il prend conseil auprès d'un ami professeur de médecine à Strasbourg qui organise un séjour prénatal dans le château de Scharrachbergheim, aux environs de la capitale alsacienne. Là-bas, il finit *Malempin,* l'histoire d'un père et de son fils.
Mais Marc ne sera pas non plus alsacien ! Le spectre de la mobilisation générale se dessine à nouveau. Le préfet, par l'intermédiaire du professeur Pautrier, fait comprendre à Simenon et sa femme qu'ils

25. *Mémoires intimes.*

34

auraient intérêt à quitter la région. Direction Bruxelles. La Belgique est un pays neutre.

« *Tu aurais pu naître à La Rochelle, mon Marc, puis à Strasbourg, et c'est à Uccles, une des nombreuses communes qui constituent le grand Bruxelles, que tu allais voir le jour*[26] ! »

Le 19 avril, Georges Simenon, trente-six ans, est papa d'un petit garçon. Quelques semaines après, Marc découvre la lumière de Nieul qui a tant séduit son père, et la sage maison au bord de la mer. Rien n'est plus pareil. Le cri d'un bébé accompagne désormais le chant des oiseaux.

En septembre, quelques mois après la naissance de Marc, Simenon achève *Bergelon,* qui paraîtra en 1941. Dans *La France,* cette amusante critique :

« Un roman de Georges Simenon, c'est mal fichu, mal bâti, crispant, rempli de flandricismes, de phrases inachevées. L'intrigue, souvent, s'essouffle. On lit pourtant Simenon presque toujours avec plaisir. Son dernier bouquin, *Bergelon,* n'échappe à aucune de ces critiques, et, comme toujours, on le dévore d'une traite, parce qu'on veut savoir ce que deviendra le pauvre petit docteur Bergelon, médecin de quartier besogneux, que poursuit un imaginaire danger. »

L'un des plus beaux jours de la vie de Georges Simenon est sans nul doute celui du baptême de Marc dans la modeste église de Nieul-sur-Mer. Le parrain choisi n'est autre que le professeur Pautrier, et la marraine, la fille aînée de son ami le peintre Vlaminck. Sur la photo de famille, chacun a le sourire des jours heureux.

Mais, décidément, le destin ne lâche pas prise. Les nuages vont bientôt cesser d'être menaçants pour laisser place à l'orage tant redouté. Le 3 septembre 1939, vers dix heures, Simenon et Annette se rendent à La Rochelle pour accomplir des formalités administratives. Le ciel est pur et l'air caressant. Dans un café où ils sont entrés pour se rafraîchir, le poste de radio qui diffusait un inoffensif air de tango se tait soudain. Le speaker interrompt le programme pour un message officiel :

« En conformité des traités qui les lient à la Pologne, le gouvernement britannique et le gouvernement français ont déclaré ce matin la guerre au Reich allemand. »

Le soir de l'annonce du deuxième conflit mondial, Simenon débouche quelques bouteilles de champagne pour « chasser les idées noires ». Le petit Marc dort paisiblement dans son landau.

Durant les semaines suivantes, Simenon ne semble pas réaliser l'ampleur des événements qui assaillent le vieux monde. Il se souvient malgré tout et paradoxalement de l'achèvement du môle d'escale de La Pallice. Pour lui, une seule chose compte réellement. Il est devenu père de famille, à l'écart du monde et au centre d'un autre dont Marc est le petit roi.

Mais il sait aussi que la Belgique, sa patrie, ne restera pas éternellement neutre. Qu'il sera bientôt mobilisé et devra quitter cet univers si fragile. Comme pour s'en persuader encore, quarante ans plus tard, Simenon écrit à intervalles réguliers dans son récit des *Mémoires intimes* : « *C'était la guerre, bon !* » « *La guerre battait son plein !* » « *C'était la guerre.* »...

26. *Mémoires intimes.*

En mai, les chars allemands menacent la Belgique. Ordre de mobilisation générale. « *Mon tour était arrivé.* »

Simenon retrouve son livret militaire au hasard d'une malle, prépare une valise. Tôt le lendemain matin, il se lève, appelle un taxi et prend le train de Paris. Des wagons vides et un trajet sans relief. Le réserviste Simenon arrive gare d'Austerlitz où une foule anxieuse piétine la salle des pas perdus et les quais encombrés. Paris, déjà, sent la guerre. A travers le magma, le romancier avise un écriteau informant les « citoyens belges rappelés sous les drapeaux de ne pas regagner leur pays avant de passer par leur ambassade ». Un fonctionnaire le reçoit dans une complète désorganisation et l'invite à revenir le lendemain. Simenon se rend chez Charley Delmas, qu'il ne cite pas nommément dans *Mémoires intimes*.

« *Nous étions, elle et moi, nés le même jour de la même année, si bien que nous étions un peu comme des jumeaux (...) C'était une jeune femme grande, brune, élégante et très belle. Son mari, très beau aussi, devait disparaître pendant la guerre dans cette mystérieuse forteresse appelée Nuit et Brouillard dont personne ne sortait vivant. Elle habitait un appartement très féminin et raffiné près du quai d'Orsay et les baies vitrées donnaient sur la Seine.* »

— Jo fit un jour irruption dans mon appartement du Quai d'Orsay à Paris, raconte Charley Delmas. S'écroulant dans un fauteuil, il cacha son visage dans ses mains en sanglotant : « Faire la guerre n'est pas drôle, mais je la ferai comme les autres. L'horreur est d'abandonner ma femme et mon fils. »... Il n'eut pas à faire la guerre, conclut Charley Delmas. Le lendemain, la Belgique était envahie par les Allemands et il retourna dans sa campagne rochelaise*.

1940 haut commissaire aux réfugiés belges

A l'ambassade de Belgique, Simenon apprend deux nouvelles. La première : Paris et Bruxelles ont décrété les Charentes zone d'accueil pour les réfugiés belges. La seconde : Georges Simenon est nommé haut-commissaire aux réfugiés belges. « A vous de les accueillir, déclare l'employé d'ambassade, vous avez carte blanche, le soin de les répartir au mieux dans la région et le droit de réquisition. Partez dès ce soir et mettez-vous demain en rapport avec le préfet, le maire, qui seront prévenus... C'est un ordre, soldat Simenon. »

Pendant trois mois, Simenon fait preuve d'une ardeur incroyable. Il parvient à organiser l'accueil de cinquante-cinq mille réfugiés dormant à même un banc sur le quai de la belle gare second Empire de La Rochelle. L'armistice de juin 1940 signé, les Allemands rapatrieront les réfugiés belges. Un nouveau mois de travail harassant durant lequel Simenon ne ménage pas sa peine.

— Jo était bon et généreux, témoigne Charley Delmas, je me souviens de son émotion et de son efficacité lors de l'arrivée en gare de La Rochelle d'un train chargé de malheureux réfugiés belges. Il s'occupa de ses compatriotes avec beaucoup de compréhension et tout l'élan de son cœur*.

— Les trois quarts du temps, raconte Boule, il ramenait des réfugiés à Nieul, quand il ne savait plus où les mettre. Alors on les installait dans le salon, on en mettait un peu partout. Les Allemands ont ensuite réquisitionné la maison. Après que l'on soit partis, ils en ont fait un hôpital militaire et la mère de Marc a été obligée de laisser ses meubles et tout son bazar ! Mais quand on y habitait, nous avions dû accueillir un officier allemand et son ordonnance. Le capitaine couchait dans le bureau de Daddy*.

Le rêve furtif de Nieul s'est évaporé dans le cyclone de la Seconde Guerre mondiale. Le charme est brisé.

« La guerre ne m'a permis que de vivre un peu moins de deux ans dans cette maison qui correspondait à mon idéal [27]. »

« Quand je suis rentré enfin pour de bon à la maison et que j'ai retrouvé ta mère, Boule et les autres, je tenais à peine debout et c'était maintenant les avions anglais qui bombardaient le port tout proche de La Pallice tandis que des projecteurs allemands les recherchaient dans le ciel. Je n'avais plus rien à faire. Nous sommes partis tous ensemble à la recherche d'un gîte dans la forêt de Vouvant, en Vendée proche, où nous avons trouvé à louer une fermette [28]. »

De ces trois mois de débâcle, il tirera deux romans, directement inspirés de son expérience au contact des réfugiés : *Le Clan des Ostendais* et *Le Train*.

Août 1940. Début de l'hibernation. Paradoxalement, alors que l'été s'étend sur l'Europe, un été de feu et de sang, Simenon entre, lui, dans une période de réclusion. Loin du monde et loin des autres, il va se replier entièrement sur lui-même. Dans sa « bicoque » de forêt, sans aucun confort, le romancier s'est mis en congé de l'humanité.

Seul, attablé à son ouvrage, dans une soupente désordonnée où, sous un soleil écrasant, les guêpes viennent nicher entre tuiles et charpente, il écrit *La Vérité sur Bébé Donge*. Un roman où la guerre est bien absente mais « plein de soleil et de jardins harmonieux ». L'été 40 fut une saison sans âme pour Simenon. Comme si les cieux avaient voulu ignorer les déchirements des hommes, indifférents eux-mêmes au beau rythme naturel. Pourquoi donc tous ces gens peinent-ils sur les routes de l'exode alors que quatre ans plus tôt ils découvraient la mer ? A La Rochelle, le décalage s'accentue. Le romancier, si sensible aux images dont il se nourrit, n'a souvenir que du calme des flots dans le bassin des chalutiers et de l'ombre de la flèche des Quatre Sergents sur le chenal à marée basse. Un léger vent s'engouffre sous le Palais, charriant sa suave odeur iodée. Images de douceur qu'il a emportées de La Rochelle, calme et radieuse, insouciante. Le tragique est bien là. Mais qui saurait le voir ?

Et puis, un après-midi de bonheur, en promenade avec Marc dans la forêt de Vouvant, Simenon se blesse à la poitrine, en taillant un morceau de bois pour amuser son fils. Il se fait ausculter et radiographier par un médecin de Fontenay-le-Comte. Le spécialiste prend un air pénétré et diagnostique une maladie cardiaque, expliquant à un homme de trente-sept ans qu'il a un cœur de vieillard. « Je vous donne deux

27. *Un homme comme un autre.*
28. *Mémoires intimes.*

37

ans à vivre, assène-t-il à Simenon, à condition que vous suiviez mes prescriptions. »

Simples et terrifiantes. Plus de tabac, plus de romans, plus de rapports sexuels. On imagine la réaction de l'écrivain à l'annonce du verdict.

« Anesthésié. »

« Ne plus fumer. Ne plus écrire. Ne plus faire l'amour. Ne plus... Mais je vivrai !... Deux ans... »

C'est dans cet état d'esprit que Simenon écrira *Pedigree* à Fontenay-le-Comte. La petite tribu a pris possession d'une gentille maison au bord de la Vendée. Là, il commence à composer pour Marc l'histoire qu'il n'aura pas le temps de lui raconter plus tard. Il prend une plume, la trempe dans l'encre de Chine et calligraphie « Pedigree de Marc Simenon ». Il a dessiné sur la couverture un bel arbre généalogique en préambule des pages qu'il va noircir de son passé. Simenon croit qu'il va mourir et il écrit pour l'avenir. Derrière lui, le petit Marc s'amuse et rit, et son romancier de père s'accroche à son rire, au moindre babillage qui emplit le bureau.

Deux ans seulement. Un sursis. Deux ans pour consigner toute une vie dans de simples cahiers d'écolier. Mais deux ans où l'auteur va achever sa dernière métamorphose et devenir, à son tour, un personnage de roman.

En septembre, la rédaction se poursuit au château de Terreneuve. D'un château l'autre. D'une vie l'autre.

1941 la vie de château

Le château de Terreneuve est un majestueux édifice Renaissance construit en équerre au bout d'une longue allée de marronniers. Son architecture a séduit l'écrivain qui choisit de travailler dans le pavillon à colonnes. Sur le fronton, Simenon se souvient des statues des neuf Muses. Elles vont veiller deux années durant sur sa création littéraire. Dans le grand salon, il ne se lasse pas de contempler l'imposante cheminée alchimique où dix ans plus tôt Fulcanelli, l'auteur des *Demeures philosophales,* a déchiffré les symboles ésotériques. Dans cette atmosphère baroque, presque hors du temps, Simenon va survivre.

— Nous habitions la moitié de Terreneuve et l'autre était occupée par les propriétaires, raconte Boule. Ils préféraient louer plutôt que d'avoir des Allemands chez eux* !

Sur le coteau dominant la vallée de la Vendée, Simenon accomplit son retour en arrière. Il confie les premiers cahiers à Gaston Gallimard venu le visiter à Fontenay. Quelque temps après, André Gide le convainc de reprendre le récit comme s'il s'agissait d'un roman, de rester fidèle à lui-même.

« J'ai suivi ses conseils. Et j'ai retrouvé ma machine à écrire, recommencé dès le début, à la troisième personne, en changeant les noms. Un jour je t'ai observé longtemps alors que tu étais assis sur une des marches du perron et que tu regardais le ciel qui semblait te fasciner. Je me demandais à quoi tu pouvais penser, ce qui t'hypnotisait dans le bleu immense. Je me suis approché doucement de toi et ce n'est

que longtemps après que tu t'es tourné vers moi en soupirant, déçu :
— Il est parti, le nuage...
Tu prononçais ''pâti'' et tu cherchais encore au-dessus de toi le petit cirrus blanc et rose que tu avais suivi des yeux jusqu'à ce qu'il disparaisse.
Comme je... Mais non ! Je n'avais pas le temps de penser à ça [29]. *»*

Les mois s'écoulent lentement. La guerre semble loin du cours paisible de la Vendée. Le romancier a transplanté ses habitudes de café et de marché. Devenu familier dans le paysage sous-préfectoral, il se procure même un buggy et un poney pour faire de grandes balades en campagne avec Tigy et Marc. L'été, il le passe en famille au bord de la mer, à L'Aiguillon. Le médecin a prescrit un peu d'air marin au petit Marc jugé pâlot.

La vie mondaine du Paris d'avant-guerre paraît désormais appartenir à un temps révolu. Par hasard, quelquefois, une vedette franchit le seuil de la demeure de Simenon. En janvier 1942, la « môme Crevette », Spinelly, fantaisiste très célèbre du moment, rend visite au romancier à l'occasion d'une tournée théâtrale. *La Petite Gironde* publie la photo des deux gloires du Tout-Paris, « une rencontre bien parisienne à Fontenay-le-Comte » :

« Avant de quitter Fontenay-le-Comte, la charmante comédienne rendit visite à Georges Simenon, qui est depuis quelque temps notre hôte, après avoir vécu, des mois durant, aux environs de La Rochelle.

« On parla théâtre, cinéma, roman, et l'on parla aussi de Paris... Enfin, tandis que Spinelly quittait Fontenay-le-Comte pour poursuivre sa tournée, Georges Simenon bourrait sa pipe et ajoutait un nouveau chapitre à son prochain roman. »

Puis c'est au tour de Jean Tissier. En cette même année 1942 a lieu en effet à Fontenay-le-Comte la première mondiale de *La Maison des sept jeunes filles*.

Seule ombre au tableau, les désagréments causés par un sbire de Darquier de Pellepoix débarquant dans la vie de Simenon. Le reclus ne serait-il pas juif ? Simenon vient de Simon, suppute l'imbécile. Un mois durant, l'écrivain réunira les preuves du contraire avec l'aide de sa mère restée à Liège. Celle-ci lui expédie les documents attestant de trois générations d'aryanité. Le commissaire aux Affaires juives semble satisfait et disparaît aussi rapidement qu'il a fait irruption. Simenon quitte le château de Terreneuve pour sa dernière escale en France occupée : Saint-Mesmin-le-Vieux. *Pedigree* est terminé et son auteur vit toujours.

Tenté un moment de quitter la Vendée pour rejoindre la « zone nono », ses projets s'évanouissent le 11 novembre 1942 : Hitler vient d'occuper la zone libre.

29. *Mémoires intimes.*

1942
la guerre à
Saint-Mesmin

Saint-Mesmin.

Simenon s'enfonce dans le bas bocage vendéen. Cette terre de chouannerie avec ses chemins creux où Blancs et Bleus se sont jadis entre-massacrés. Mais, aujourd'hui, les soldats ne fréquentent guère ce paysage pourtant propice aux embuscades. Les tractions de la Gestapo sillonnent rarement la campagne et chaque apparition de l'occupant fait vite le tour des métairies.

La maison de Simenon se tient à l'entrée du village. Une belle villa à trois étages sur la route de Pouzauges. Presque un château.

Dans son grand jardin, Simenon cultive tout ce qu'on ne trouve plus en ville. Il fait même pousser du tabac pour sa consommation personnelle. La guerre ? S'il ne semble pas trop s'en soucier, il lui arrive parfois d'héberger des maquisards.

— Il a gardé des quantités de résistants* ! raconte Boule.

Comme à « La Richardière », il devient paysan. Par nécessité, cette fois. Trois vaches à l'étable, un cheval, un potager.

Et Victor est là pour aider Simenon. Il s'agit d'un militant communiste du Nord, réfugié avec sa femme et ses neuf enfants. Il a quitté lui aussi Fontenay pour Saint-Mesmin. Selon son expression, Simenon joue consciencieusement les fermiers.

« *Plus encore qu'à Fontenay, nous nous étions insérés dans la vie du pays et, les jours de marché, je pouvais appeler les femmes par leur nom, la plupart des hommes par leur prénom. Quant aux événements tragiques qui se déroulaient dans le monde, j'en savais si peu que, pour écrire ces Mémoires, j'ai dû me faire établir la liste des dates marquantes qui sont devenues des dates historiques* [30]. »

Comme à Nieul, Simenon est partout chez lui. « *Je ne me suis senti un étranger nulle part.* » Sa production conserve un rythme soutenu : *Le Bilan Malétras, L'Aîné des Ferchaux, Les Noces de Poitiers, La Fuite de Monsieur Monde, Le Cercle des Mahé...* Marc grandit à la campagne... Son père lui transmet son amour de la nature à coups de longues balades et de vivantes leçons de choses.

L'hiver de 1943/44 amorce déjà la fin de la guerre et le terme de l'hibernation du romancier. Encouragé par un neurologue de ses amis, il se rend à Paris pour subir de nouveaux examens. Ceux-ci viennent totalement infirmer le diagnostic du médecin de Fontenay, véritable avatar du docteur Knock, « le seul homme que j'aie jamais haï », confiera Simenon.

A cause de lui et pendant plus de trois ans, il aura donc vécu comme un condamné à mort.

Après quelque temps passé à La Bourboule pour la santé de Marc, le retour à Saint-Mesmin s'accompagne des nouvelles encourageantes de l'avancée alliée. Les soldats allemands s'aventurent plus souvent dans les chemins creux. Toute la côte est en alerte. Les Américains ont entrepris la destruction de la machine de guerre nazie dans ses bases fortifiées du mur de l'Atlantique. Et le soleil est encore radieux. A cette époque troublée, un événement de tout autre nature va venir bouleverser la vie de Simenon. Alors qu'à Oradour ou à Tulle la division « Das Reich » sème la mort,

30. *Mémoires intimes.*

40

passant au lance-flammes vieillards, femmes et enfants, Tigy découvre par hasard, comme dans un mauvais roman, que Simenon la trompe avec... sa bonne.

« Tigy a été longtemps un excellent camarade, toujours prête à partir au pied levé pour n'importe quel coin du monde. Je pourrais dire qu'elle aurait été parfaite si elle n'avait pas été en proie à une jalousie de tous les instants. Cette jalousie-là, à l'époque, je la mettais sur le compte de l'amour et je la respectais, tout en m'arrangeant pour trouver par ailleurs des compensations.

Comment faire avec une Tigy derrière soi ? Tricher, certes. Et un homme ne pardonne jamais à une femme de l'obliger à tricher.

J'ai triché pendant vingt-deux ans. J'ai davantage connu les amours derrière les portes que les amours dans un lit.

Ma brave Boule ne m'en voudra pas de révéler que nous avons toujours couché ensemble, pratiquement chaque jour.

La guerre est arrivée. Nous nous sommes réfugiés dans une propriété de Saint-Mesmin-le-Vieux, en Vendée. J'y élevais trois vaches, un cheval, des centaines de poules, de canards et de dindons. J'avais l'habitude de faire la sieste dans un petit bâtiment proche du bâtiment principal. Et Boule, elle, avait l'habitude de venir m'y réveiller, ce qui n'était pas sans provoquer tout au moins des caresses.

Un après-midi de soleil, Tigy a surgi, raide et blême, m'a fait un signe de sortir qui aurait été digne de la Comédie-Française. Une fois dans la cour, elle a déclaré fermement :

— Tu vas mettre cette ''fille-là'' à la porte.

Il y avait plus de vingt ans que nous considérions Boule comme de la famille. J'ai répondu par une monosyllabe :

— Non.

Elle a été un moment désarçonnée.

— C'est elle qui partira ou moi.

Elles ne sont parties aucune des deux [31]. *»*

Suit une longue conversation dans le jardin jusqu'à la nuit tombée. Simenon confesse son infidélité, révèle son ampleur, insoupçonnée par Tigy. Finalement, ils décident de prolonger une vie commune fondée sur l'amitié afin d'assurer une stabilité au petit Marc. Ils se serrent la main et vont se coucher, ensemble, l'un à côté de l'autre, sans même se frôler.

« Au fond, je n'avais peut-être jamais autant apprécié la compagne solide et fidèle qu'elle avait été pendant si longtemps [32]. *»*

Au mois d'août, Paris est libéré. Les Allemands battent en retraite mais forment des « poches », à La Rochelle notamment.

La Résistance opère désormais en plein jour. Simenon offre sa voiture à des parachutistes anglais.

Marc a cinq ans. Ses premiers souvenirs d'enfant se rattachent à cet été vendéen.

— On était allés vivre dans les champs pendant trois semaines pour fuir le danger des colonnes allemandes, se souvient-il aujourd'hui. On couchait à même le sol, on mangeait des baies. Quelquefois, il y avait

31. *Un homme comme un autre.*
32. *Mémoires intimes.*

de la nourriture du village. Nous étions une quarantaine de personnes, cachées dans la nature*.

Les Allemands sont passés et le péril avec eux. Chacun retrouve sa maison. Simenon écope d'une pleurésie qui le tient alité pendant de nombreux jours. Une nouvelle page est tournée. Saint-Mesmin n'existe désormais plus pour lui. Pendant quelques semaines, il retrouvera le bord de mer en logeant à l'hôtel des Roches noires sur le Remblai, aux Sables-d'Olonne. Attiré une fois encore par l'Océan, il va, bientôt, le traverser.

Juin 1945. Les Simenon regagnent Paris et l'appartement de la place des Vosges.

1945 l'adieu

— Après la guerre, nous sommes partis pour l'Amérique, raconte Tigy. Il fallait reprendre contact. Changer d'air. Simenon avait souffert en Vendée à mener une vie morose. Pensant uniquement à cultiver des légumes dans un petit patelin ! La vie était comme au ralenti. Et puis, on éditait beaucoup moins à cause des Allemands. La Vendée ne correspondait pas à son tempérament. Il n'y avait aucune communication avec l'étranger pendant la guerre et il avait envie de se rendre dans les pays où il était traduit, comme le Canada et les États-Unis. Il voulait voir ce qui se passait là-bas. Et puis, malheureusement, nous y sommes restés. Je dis « malheureusement », puisque notre vie s'est scindée*.

Sur le vaste bureau de l'écrivain, les deux albums sont maintenant refermés. Tigy s'est levée comme on le fait poliment pour signifier que le moment est venu. Pas tout à fait encore...

— Je ne veux pas m'étendre sur les circonstances. Il a rencontré une femme qu'il a épousée par la suite, et voilà* !

Le 21 juin 1950 à Reno, Texas, la capitale mondiale du divorce-express, Georges et Régine Simenon se séparent.

— Nous nous sommes quittés en bons termes, si l'on veut. C'était renier une partie de sa vie tout de même. Mais nous sommes restés très bons amis*.

Autour d'un verre de pineau, Tigy prolonge encore la confidence. Comme si elle savait qu'un jour, quelque part, Simenon lirait ces lignes...

— J'ai du mal à m'imaginer le Simenon d'aujourd'hui. Lui, si dynamique et bouillant, jamais je n'aurais pensé qu'il pourrait vivre comme ça, replié sur lui-même, sans sortir, sans voyager ! Ça m'a toujours étonnée*...

En 1983, Tigy abandonne Nieul pour le climat, plus doux, de Porquerolles où son fils Marc lui a fait construire une autre petite maison dans le jardin des Myriades. Jamais les Rochelais ne verront l'exposition de ses toiles, promise un jour de février 1982, dans le bureau de Jo.

Le destin en a décidé autrement.

Le 22 juillet 1985, une lettre de Mylène Demongeot nous apprend la triste nouvelle :

« Je dois malheureusement vous faire part de la mort de notre chère Mamiche, survenue le 18 juin 1985 dans mes bras et sans souffrance, Dieu soit loué. L'enterrement a eu lieu le 26 juin, justement la veille de son anniversaire !... Mamiche était une femme d'une dignité et d'une discrétion infinies. Je l'ai côtoyée pendant dix-huit ans et jamais une fois, ou si rarement, n'est sortie de sa bouche une phrase amère ou revancharde. C'était une femme sensationnelle et je l'adorais. »

*Simenon a
vingt-deux
ans.
Et « le moins
qu'on puisse
dire est qu'il
ne paraissait
douter
de rien,
et surtout
pas de
lui-même »,
écrit
Maigret
dans ses
Mémoires.*

●●●

1925

*Place des Vosges.
En pleine folie Arts Déco.
Tigy et Simenon
ont confié à Dim,
un décorateur
à la mode,
l'agencement de
leur intérieur.*

« *J'étais
certainement
son premier
amour...* »

**Tigy, rêveuse et sereine
telle une muse bienveillante.
« Simenon m'appelait aussi
Madame Sérénité. »**

**Simenon
ne quitte pas Tigy du regard.
Sous le profil
arrondi de Joséphine Baker
dessiné par
l'affichiste Paul Colin,
il pose,
accoudé au comptoir
de son fameux
bar américain.**

Tigy, Simenon et...
Joséphine.
Jusqu'à aujourd'hui,
cette photo a toujours été présentée
sans Tigy
à la droite de son mari.
Denyse,
la seconde épouse de Simenon,
avait soigneusement
amputé toutes les
photographies où
figurait
sa rivale.

*Le stakhanoviste
du roman populaire
en plein effort
créateur.*

« ... Quand je lui demandai s'il écrivait,
il me répondit :
— Des romans populaires,
toujours,
pour gagner ma vie.
De 4 heures à 8 heures du matin.
A 8 heures,
j'ai fini ma journée.
Je n'entreprendrai les romans
semi-littéraires que
quand je me sentirai à point. »
(Les Mémoires de Maigret)

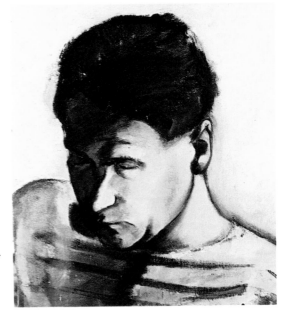

A la découverte de la France en 1928. La seule photographie du Ginette et de son équipage.

Deux portraits de Simenon jeune par Tigy : « C'était le seul modèle que j'avais constamment sous la main ! »

Simenon et Olaf.

« Il est vrai qu'on n'était pas
dans le monde ordinaire ;
on n'était ni sur terre, ni sur mer,
et l'univers, très vaste,
mais comme vide, ressemblait
à une immense écaille d'huître,
avec les mêmes tons irisés,
les verts, les roses, les bleus
qui se fondaient comme une nacre. »
(Le Coup de Vague)

Le plus beau
des portraits
de Simenon.
Il trônait
jusqu'en 1983
le bureau-musée
dans
de Nieul-sur-Mer.
Tigy l'a peint
l'été de 1927
dans l'île d'Aix,
alors que Simenon
voulait fuir Paris,
refusant
de devenir
« Monsieur
Joséphine Baker » !

1929

« Georges Sim a l'honneur de vous inviter au baptême de son bateau, l'Ostrogoth... »

« ... auquel M. le curé de Notre-Dame procédera mardi prochain au square du Vert-Galant ». (Les Mémoires de Maigret)

En bas à gauche, Tigy accroupie a coiffé la casquette du capitaine Simenon.

« La vie était merveilleuse à bord de l'Ostrogoth. Elle correspondait au goût de Simenon et au mien. »

**Avant de mettre le cap
sur la Hollande,
Simenon fera le vœu
de ne jamais passer
une seule nuit
à terre.**

**Le petit mousse
et la garçonne
sur le pont
de l'Ostrogoth.
Boule et Tigy.
(Photo ci-contre)**

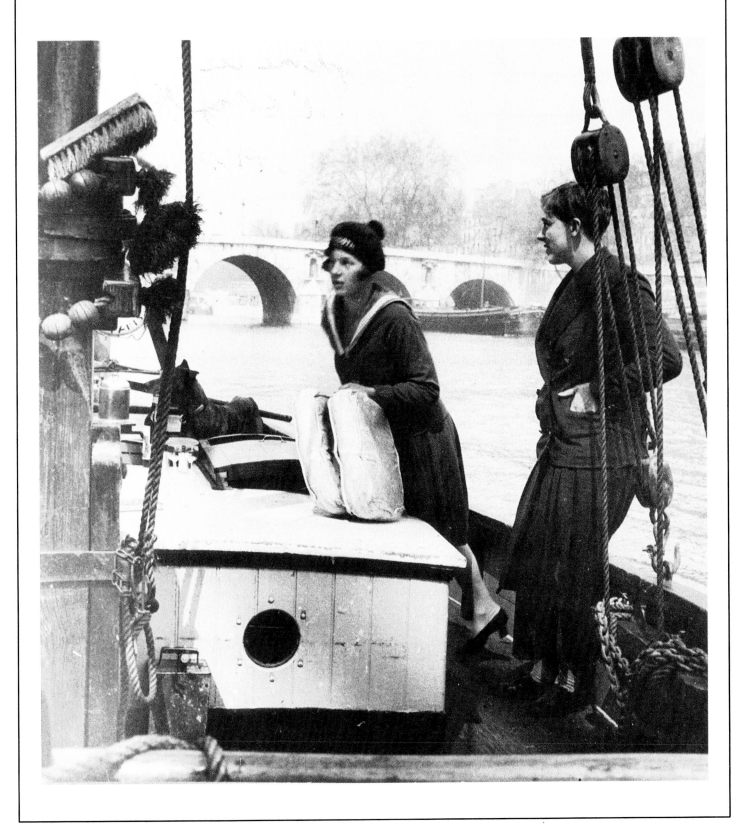

« *Parce qu'il a la rudesse de notre lointain ancêtre, je le baptise l'Ostrogoth. Il comporte des couchettes sans ressorts, une table munie d'un robinet, relié au réservoir d'eau potable... Je ne saurai que plus tard que ces deux ans-là vont changer ma vie.* » (**Mémoires intimes**)

La sieste
dans
un transat.
« En aucune
façon,
on ne peut dire
que j'étais
sur ce bateau
une
passagère
récalcitrante ! »
(Tigy)

« *J'ai pris cette photo quand Simenon écrivait son premier Maigret, Pietr-le-Letton.* »

*En Hollande.
Simenon est
un rameur émérite.
Il fera même
l'acquisition d'une
machine à ramer
quelques années
plus tard
lorsqu'il s'installera
à La Richardière.*

« *Nous ne sommes jamais
allés au restaurant,
nous avons tenu
le point d'honneur
de manger toujours
la tambouille
que nous faisions* »,
raconte Tigy.

En Laponie. 1929.
« Quelque part,
nous nous arrêtons
devant une cabane
en planches qui entourent
des tas de formes noires
que je suis assez longtemps
avant d'identifier.
Ce sont des rennes,
des centaines de rennes.
La cabane
est celle d'une petite tribu,
d'une famille en somme,
et j'y pénètre
derrière mon guide. »
(Pays du froid)

1931

" La Richardière ". - MARSILLY (Charente-Inférieure)

**La Richardière,
une gentilhommière
du XVIᵉ siècle
sur la route sinueuse
qui va de Nieul-sur-Mer
à Marsilly.
« Seule, avec son pigeonnier,
au bout des prés
et des champs,
avec son bois
vibrant
d'oiseaux
et la mer en bordure. »**

*Avec le cinéaste
Jean Tarride
qui portera à l'écran
Le Chien jaune.*

Au bord
de la mare aux canards
du parc de La Richardière.

« J'ai eu, il y a très longtemps,
lorsque j'avais
des chevaux, des vaches,
des brebis, des canards,
un contact direct
avec la nature.
Etais-je trop jeune ?
Je n'en ai pas profité. »
(Un homme comme un autre)

Le célèbre
chroniqueur belge
ne s'est pas
toujours cantonné
« hors du poulailler »...

Dans le parc
de La Richardière,
sur son cheval Paulo
avec qui il accomplit
de longues randonnées
jusqu'en Vendée.

*Dans le bureau
du romancier, séance de pose,
Simenon et Inkijinoff
mettent au point
le scénario de
La Tête d'un homme.*

Inkijinoff
incarnera le rôle de Radeck
dans le film que
Simenon devait primitivement
réaliser lui-même.
C'est finalement
Julien Duvivier
qui assurera
la mise en scène.

Eté 1932.
Deux explorateurs belges
en Afrique. Sans doute
le voyage qui imprégnera le plus
intensément Simenon
dans sa quête
de « l'homme nu ».
Au Congo belge,
Georges et Tigy sont reçus
par Christian Simenon,
frère de l'écrivain,
employé d'une société belge
de Matadi.

1932

*« Le Congo,
qui, en aval, atteignait
jusqu'à vingt kilomètres de large,
se rétrécissait soudain
entre deux montagnes
sans verdure,
semblait revenir en arrière,
tourbillonnait,
tandis que les courants contrariés
dessinaient à sa surface
de perfides remous. »
(45° à l'ombre)*

*Au Congo belge,
Simenon découvre
le colonialisme blanc.
Il publiera
à son retour en France
un long reportage
intitulé L'Heure du nègre
et qu'il termine ainsi :
« L'Afrique
nous dit merde
et c'est bien fait ! »*

« *C'était
la première fois
qu'il regardait
des nègres
avec quelque chose
de plus
qu'une curiosité
s'adressant
à leur côté
pittoresque.
Il les regardait
comme des hommes,
en essayant
de saisir
leur vie d'homme,
et cela
lui semblait
très simple.* »
(Le Coup de lune)

« Il n'y a pas d'Afrique.
Il y a une
infinité d'Afriques. »

« Il y a des Pygmées,
qui vivent dans les arbres
de la forêt vierge
et qui,
apprivoisés,
depuis quelques temps,
se laissent approcher

par les Blancs,
font même des grimaces
et des danses
pour obtenir
un morceau de sel... »
(L'Heure du nègre)

« Les femmes, ce sont les mêmes
que celles que je verrai au marché.
Il y en a de jolies.
Elles ont surtout
de beaux corps lisses.
Dans presque toutes les huttes,
il y a des gosses café au lait. »
(L'Heure du nègre)

A son retour, Simenon décide la construction d'une hutte dans le parc de La Richardière.

A la demande de Simenon, Boule, nouvelle Madelon, sert des rafraîchissements aux tirailleurs rapidement pris de boisson...

Des renforts de troupes seront nécessaires pour contenir le bataillon ivre mort !

1933

*Les Simenon entament
une tournée des pays d'Europe.
En URSS,
le romancier
tombe sous
le charme slave.*

Simenon écrira
une série de reportages
intitulée
Peuples qui ont faim.

A Odessa.

*En juin 1933,
Simenon rencontre
Léon Trotsky
dans son exil
de Prinkipo,
près de Constantinople.
Il publiera cette interview
dans Paris-Soir.
Trotsky y analyse
la politique hitlérienne
et fait montre
d'une grande lucidité
sur l'imminence
d'un conflit
mondial.*

*Sazi et Nejla, le couple de louveteaux
ramenés de Turquie
dans la grande cage que
Simenon fit construire pour eux.*

*Tigy et Sazi
dans le chemin de terre
qui mène à
La Richardière.
Devenu encombrant
et dangereux,
Sazi finira ses jours dans un zoo.*

1934

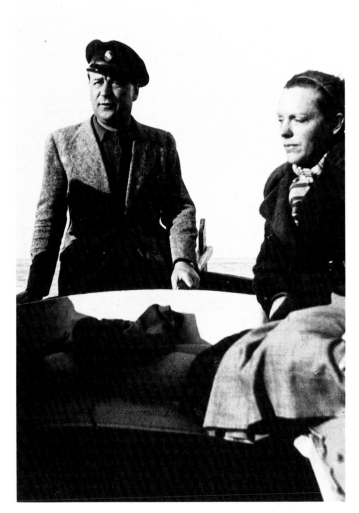

**Printemps 1934
à Porquerolles.
Simenon,
se fait construire un
« pointu »
pour aller pêcher.
Il cuisine,
prépare l'aïoli,
joue aux boules et
reçoit ses amis.**

C'est dans
une propriété
semblable
à celle-ci
que Marc,
le fils de Georges,
vit aujourd'hui
plusieurs
mois de l'année.
Le romancier
a transmis
à ses enfants
son amour
des hommes et de
la nature.

*« Porquerolles
où je devais avoir ma maison
et mes bateaux
est restée un des hauts lieux de ma vie,
j'en connaissais chacun des
cent trente habitants d'alors.
Je me sentais chez moi.
Depuis la guerre,
on m'a dit que l'île
avait tellement changé
que je n'ose pas
y retourner. »
(Mémoires intimes)*

Le troisième bateau de Simenon.
Une goélette à huniers
longue de trente mètres.
Sur l'Araldo, il fera
le tour de la Méditerranée en 1934,
ramenant comme à son habitude
de très nombreux clichés.
Ces documents
exceptionnels sont
aujourd'hui la propriété
du Fonds Simenon de Liège.

« Si la mer
et sa vie intense
m'a bouleversé,
elle m'a aussi conquis
et je ne vais plus,
pour longtemps,
ne penser qu'à elle.
La mer
primitive et éternelle
d'où toute vie est sortie,
avec ses langueurs et
ses colères,
sa cruauté originelle.
La mer ! »
(Mémoires intimes)

« *Daddy*
est un peu gras sur
ces photos »
dit Boule
en souriant.

Simenon publiera
un reportage sur son périple
méditerranéen
dans le magazine Vu,
sous le titre
Mare Nostrum.
Fidèle
à sa méthode de travail,
il rédigera
à bord de l'Araldo
45° à l'ombre et Quartier nègre !

1935

New York 1935. Le début d'un tour du monde qui va emmener nos globe-trotters jusqu'à Tahiti.

« *Tous mes départs ont été des fuites. Je fuyais un monde qui n'était plus le mien, qui avait cessé de m'appartenir, de faire corps avec moi, et qui m'avait fourni, à mon insu ou non, la matière de quelques romans.* »
(Un homme comme un autre)

« *Nous avons beaucoup voyagé,*
raconte Tigy.
Nous partions brusquement.
Nous rentrions
brusquement.
Nous avions
le même tempérament. »

Simenon à Tahiti.
Il y situera l'action de
Ceux de la soif.

Il écrira dans
Un homme comme un autre :
« Je n'ai jamais cherché
l'exotisme. »

« Les peintres
commettent à mon sens
une faute contre
la logique en peignant d'abord
le personnage d'un portrait,
pour s'occuper
ensuite du décor.
L'individu,
en effet, n'acquiert
toute sa psychologie
que présenté dans le cadre
qui lui est propre
et sans lequel
il ne sera souvent
qu'une énigme. »
(Les Ridicules, 1922)

*La maturité.
L'équilibre.
Une certaine
gravité.
Chaque année
six romans de
Georges Simenon
paraissent
chez Gallimard.
Ce portrait
de l'écrivain
par le photographe
Raymond Voinquel
date de 1939.*

1936

Simenon est devenu
un homme célèbre.
Il emménage
dans un superbe appartement
du boulevard
Richard-Wallace
à Neuilly.
Il écrira plus tard,
parlant de cette période
ostentatoire :
« J'étais devenu snob ! »

*La Rochelle 1937.
L'image de la province
vue à travers
les romans de Simenon.
A quelques pas de la célèbre
Tour des Quatre Sergents,
le romancier est venu assister
à la mise à l'eau
du bateau de
l'un de ses amis.*

*Un hiver rigoureux
à Nieul-sur-Mer.
Simenon a coiffé
le bonnet de loutre noir
acheté naguère en
Norvège.*

1939

**Régine Simenon
et Marc, né
le 19 avril 1939.**

**« J'écrivais toujours des romans,
dans mon bureau ;
ta mère se levait avant moi
pour,
vêtue de sa blouse
de peintre,
préparer tes biberons. »**

*Le baptême de Marc
à Nieul.
Le parrain est
le professeur Pautrier
de la Faculté de Médecine
de Strasbourg,
la marraine,
la fille du peintre
Vlaminck.*

**Simenon et Marc
sur une plage
du littoral
charentais
où émergent
les bouchots.
Le décor naturel
des personnages
du Coup de Vague.**

« Un jour, je t'ai observé
longtemps
alors que tu étais assis
sur une des marches
du perron
et que tu regardais le ciel
qui semblait te fasciner.
Je me demandais
à quoi tu pouvais penser,
ce qui t'hypnotisait
dans le bleu immense.
Je me suis approché doucement
de toi

et ce n'est que
longtemps après
que tu t'es tourné
vers moi en soupirant,
déçu :
« Il est parti,
le nuage. »

Le château de Terreneuve.
Simenon apprend
son rôle de père,
convaincu qu'il va bientôt
mourir.
Il rédige Pedigree.
« Je travaillais peu ;
je peux dire que
je ne travaillais plus du tout,
car écrire
mes souvenirs d'enfance
auprès de mon propre enfant
qui grandissait
était plutôt
un passe-temps savoureux,
et je crois à présent
que, de t'observer,
aiguisait ma mémoire
et y faisait affluer
les plus fraîches images. »

Cet homme jeune vit comme un reclus, entièrement recroquevillé sur son passé et celui de sa famille. Le mauvais diagnostic d'un charlatan vendéen donnera curieusement naissance à un nouveau Simenon.

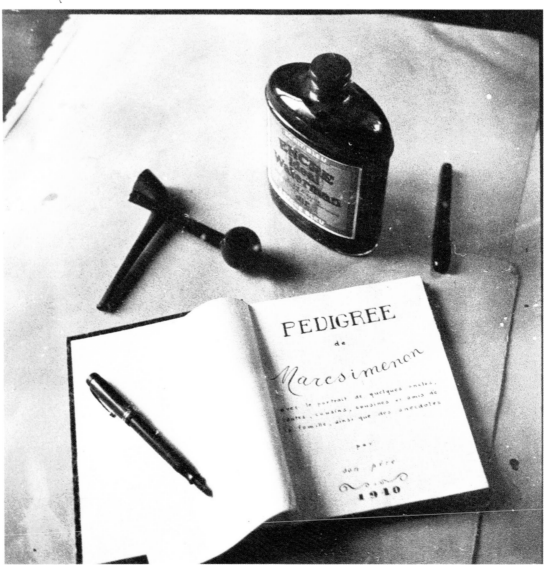

*« Une promenade à cheval
à travers
la campagne vendéenne
me donnait autant de
satisfactions et de plénitudes
qu'une soirée parisienne. »
(Un homme comme un autre)*

Le peintre Vlaminck,
l'acteur Jean Tissier
sont parmi
les très rares
célébrités du moment
à franchir le seuil
de la demeure de
Simenon
à Fontenay-le-Comte.

L'unique photographie où sont réunis Boule, Simenon, Tigy et Marc. Une ordinaire famille provinciale des années 40.

Simenon obtient son visa pour le continent américain. Il a 42 ans et ses traits ont vieilli. Une page est définitivement tournée. Celle des « Années Tigy ».

1945

Remerciements

Nous remercions ici tous ceux qui ont aidé notre entreprise :
Régine Simenon, Georges Simenon
Marc Simenon et Mylène Demongeot
Christine Swings (du Fonds Georges Simenon de Liège)
Joyce Aitken (secrétariat de Georges Simenon, Lausanne)
Claude Nielsen et Dominique Vincent, des Presses de la Cité
Sophie Le Fer, notre première lectrice, qui a dactylographié
cette fois encore notre manuscrit
Régis Bonnin, notre fidèle photographe
Et Chantal Demongin pour le sérieux et la qualité de sa documentation

*Achevé d'imprimer sur les presses de l'Imprimerie Nouvelle Lescaret,
à Paris, en décembre 1988.
N° éditeur 5710*